Gilles Furigo

BARAKA

L'attentat politique face aux caprices du destin

Mareuil
Éditions

Du même auteur chez Mareuil Éditions

Les gorilles de la République, 2018

Pour vous tenir informé des prochaines publications de Mareuil Éditions, rendez-vous sur : www.mareuil-editions.com

ISBN 978-2372543675

« Le hasard, c'est peut-être le pseudonyme de Dieu quand il ne veut pas signer. »

THÉOPHILE GAUTIER

« Les hommes ont inventé le destin afin de lui attribuer les désordres de l'univers, qu'ils ont pour devoir de gouverner. »

ROMAIN ROLLAND

Sommaire

TROISIÈME PARTIE

Le XXe siècle du régicide au crime de masse

Avant-propos

L'idée d'écrire ce livre m'est venue lors d'un déplacement en Autriche, à Arstetten, en visitant le château où l'archiduc François-Ferdinand et son épouse Sophie Chotek sont inhumés. J'y ai acheté l'excellente biographie de Jean-Louis Thériot[1] qui est un des meilleurs spécialistes de la monarchie impériale et royale autrichienne[2].

Personne ne souhaitait que cela arrive et pourtant, le 28 juin 1914, force est de constater que ce n'est pas seulement l'héritier du trône d'Autriche-Hongrie qui tombe sous les balles d'un nationaliste serbe à Sarajevo, mais c'est tout un monde qui disparaît : la « Belle Époque » s'achève, quatre empires s'effondrent à la suite d'un conflit mondial qui fait plus de 20 millions de victimes.

L'Histoire est capable de réaliser les meilleures séries à suspense avec des rebondissements incroyables, comme si une main diabolique venait contrarier ce qui aurait pu interrompre l'engrenage fatal. Le destin, le hasard ou la providence l'avaient décidé : François-Ferdinand devait mourir ce jour-là

1. *François-Ferdinand d'Autriche*, Jean-Louis Thériot, Éditions de Fallois.
2. K.u.K : *Kaiserlische und Königslische* qui se réfère à l'Empire d'Autriche et au royaume de Hongrie.

et une accumulation de hasards malheureux ou de négligences coupables l'a dirigé inexorablement vers son destin.

Les attentats dirigés contre les personnalités politiques ont toujours existé et figurent depuis toujours dans l'imaginaire occidental, ainsi qu'en témoignent l'assassinat de Jules César par Brutus ou celui d'Henri IV par Ravaillac, pour ne citer que quelques-uns des plus célèbres dans l'esprit du grand public. Dans l'histoire récente, de nombreux attentats contre des chefs d'État ont été commis, certains avec succès et on a invoqué une sorte de fatalité, d'autres ont échoué et on a invoqué la *baraka*, réelle ou supposée, de la personnalité menacée, sans évoquer la faillite ou la réussite des services de protection.

C'est à ce titre que les attentats m'ont moi aussi hanté au premier chef, notamment durant les vingt-trois années durant lesquelles j'ai exercé mes fonctions au sein du SPHP, le Service de protection des hautes personnalités, dont je suis devenu le directeur de 2010 à 2012. L'analyse des attentats d'hier devenait primordiale dans la compréhension des menaces d'aujourd'hui. Que de chemin parcouru depuis l'assassinat de Sadi Carnot en 1894 ! Il a tout de même fallu trois attentats réussis[1] pour que le premier service de protection à vocation nationale voie le jour en 1935. À partir de cette date, la protection des personnalités reposait sur deux grands principes : la préservation de la démocratie en défendant l'intégrité physique des personnalités françaises et la garantie de la paix mondiale en protégeant les chefs d'État et de gouvernement étrangers en visite en France.

Au cours de ma carrière, j'ai travaillé avec le Secret Service, lors des visites officielles des présidents américains (Bush père et fils, Clinton, Obama), et nous avons beaucoup échangé sur les attentats contre John F. Kennedy et Ronald Reagan. Enfin, en 1996, avec le SPHP, nous avons assuré la protection de Jean-Paul II qui était une des personnalités les plus menacées au monde. Il avait fait l'objet de trente-trois tentatives d'attentats !

1. Sadi Carnot en 1894 ; Paul Doumer en 1932 et le roi de Yougoslavie en 1934.

L'idée m'est donc venue de m'intéresser à ces meurtres politiques qui ont marqué l'histoire, en tenant compte des détails, tels qu'il est possible de les reconstituer à la lumière des témoignages, des procédures judiciaires, et en les croisant à la puissance du hasard, de la chance ou de la malchance, et de la destinée. J'ai très vite remarqué des divergences entre vérité factuelle – par nature différée car issue des enquêtes de police qui ne pourront être communiquées à l'opinion publique qu'après un délai d'environ cinquante ans après la commission des faits – et la vérité relative immédiate, sciemment dissimulée et déformée par les intérêts politique et diplomatique du moment, jusqu'à ce que l'imposture devienne « fait historique ». L'attentat politique fait toujours partie de ces événements très spectaculaires, répercutés par des moyens médiatiques de plus en plus variés et sophistiqués. Ces événements furent aussi portés à la connaissance par le dessin et les journaux à des époques où il n'existait ni photographie, ni radio, ni télévision, ni réseau Internet. Le régicide n'en finit pas de nourrir l'imaginaire politique, travaillé par le meurtre des puissants afin de façonner les opinions. Mais il ne faut pas tomber dans la manipulation en faisant le jeu des personnalités, comme des conjurés, qui sont prompts à se prévaloir de l'intervention de la main du destin pour manipuler les foules.

Cet ouvrage ne tend bien évidemment pas à l'exhaustivité. La forme employée est ouvertement le récit et se borne, selon les sources sur l'époque, à analyser les attentats politiques les plus emblématiques qui ont touché les dirigeants politiques, et leur corrélation à la puissance du hasard ou de la providence. Parfois, il semble que la main du destin vienne corriger les négligences des conjurés ou les erreurs d'une personnalité, comme si une puissance supérieure s'amusait à contrarier un enchaînement qui aurait pu être fatal ou, au contraire, favoriser coûte que coûte l'accomplissement du tyrannicide.

Gilles Furigo

Introduction

L'homicide est utilisé comme instrument politique depuis la nuit des temps. L'assassinat de Jules César en 44 avant J.-C. constitue toujours l'archétype du meurtre politique. Il assoit l'idée que le corps du souverain et le corps politique ne font qu'un ; supprimer l'un revient à détruire l'autre. Et c'est un véritable drame antique, sans cesse répété depuis plus de 2 000 ans, qui oppose Jules César, le dirigeant tyrannique devant être éliminé, à Brutus qui jouit du cadre moral permettant de comprendre voire d'approuver le meurtre. Or, pour compliquer le tout, Jules César est considéré, selon les lectures, comme un tyran ou un martyr et Brutus comme un héros ou un traître.

Les attentats politiques réveillent également en nous une question primordiale de notre société judéo-chrétienne : peut-on justifier le tyrannicide ? Et qui a la légitimité pour définir le tyran et comment ? Des philosophes, des historiens, des politiques se penchent sur ces questions depuis des siècles et apportent des réponses différentes selon les époques et selon les idéaux du moment.

La Révolution française vient perturber pendant un temps ces codes établis depuis deux millénaires en instituant un mode de gouvernement par la terreur. En 1793, Le nouveau régime, entre les mains de Robespierre, désigne les tyrans et légitime les actes de violence. Les meurtres ciblés se multiplient et le concept de terrorisme commence à se dessiner. Dans une certaine mesure, et pour forcer le trait, la France a inventé le terrorisme. Un terrorisme d'État, forgé au temps de la Révolution française et qui prend l'appellation officielle de « Terreur ». En 1794, l'accusateur public Claude Royer déclare que « la Terreur est le seul moyen de donner l'éveil au peuple et de le forcer à se sauver lui-même ». Pour cette raison, la France est crainte et haïe par les autres nations européennes car elle entend exporter, par la guerre, l'universalisme de ses principes révolutionnaires.

Le terme « terrorisme » entre d'ailleurs dans le dictionnaire de l'Académie française dès 1798 qui le définit comme « système, régime de la Terreur » et renvoie au mot terroriste qui est un « agent ou partisan du régime de la Terreur qui se manifeste par l'abus des mesures révolutionnaires ».

Deux ans plus tard, en 1800, l'attentat de la rue Saint-Nicaise change l'acception du terme. Ce n'est plus l'État qui pratique la terreur, mais des factions qui s'attaquent à l'État – ou plutôt à la personne qu'ils désignent comme étant un tyran, en l'occurrence Bonaparte – de manière ciblée et aveugle, faisant figure de révélateur le plus spectaculaire d'un nouveau type de violence. Se développe une stratégie de harcèlement du pouvoir et de déstabilisation de l'opinion publique. C'est la naissance du terrorisme tel qu'on l'entend aujourd'hui.

Si le terrorisme subversif et ses victimes innocentes préexistent à bien des égards aux bombes anarchistes, celles-ci ne mettent pas fin à l'attentat politique précisément ciblé. L'assassinat d'Abraham Lincoln en 1865 et celui de Sadi Carnot en 1894 renvoient au régicide le plus classique, l'assassinat de Jules César qui demeure la référence historique avec celui d'Henri IV. En revanche, l'attentat au pistolet contre le roi de Yougoslavie à Marseille en 1934 – rappelant celui de Sarajevo – donne lieu à l'une des premières tentatives de définition juridique du terrorisme politique, rattachée à la notion de conspiration à l'échelle internationale. C'est en novembre 1937, à Genève, qu'a lieu la première conférence juridique internationale consacrée au terrorisme. Elle adopte deux conventions liées entre elles, la première sur la prévention et la répression du terrorisme et la seconde sur l'institution d'une Cour permanente de justice internationale[1].

Le meurtre politique conserve un caractère individuel, avec la mise en avant d'un conspirateur « alchimiste de la révolution » comme l'appelait Marx, qui lutte contre un tyran, oppresseur du peuple. Aussi meurtrier soit-il, l'assassinat politique s'oppose ainsi au soulèvement collectif, comme la lutte pour l'indépendance qui va déboucher sur l'émancipation révolutionnaire.

L'attentat constitue toujours un événement spectaculaire, véhiculé par les outils de communication et de reproduction de son temps. L'attentat de la rue Saint-Nicaise, par exemple, a été relaté par une gravure à l'eau-forte. L'agression politique nourrit l'imaginaire, travaillé par les cas d'assassinat des puissants ou par des crimes de masse qui impressionnent et façonnent les opinions.

La tentation est grande de comparer les attaques anarchistes de la fin du XIXe siècle avec les tueries de masse apparues au début du XXIe siècle. Cependant, la violence totale que met en œuvre le kamikaze dans des attaques aveugles reste la spécificité de l'attentat contemporain, strictement distinct de l'assassinat politique ciblé comme une conspiration traditionnelle. L'assassinat classique représenté par le régicide ou le tyrannicide, en vogue jusqu'à la fin du siècle des révolutions industrielles, cède la place à la terreur anarchiste qui s'élève contre l'autocratie ou le pouvoir en général, et veut frapper l'opinion publique en lançant des bombes ou en tirant des coups de feu contre les puissants pour ce qu'ils représentent, non plus pour ce qu'ils sont. La tyrannie ne constitue donc plus le seul moteur de la révolte, les anarchistes visent désormais les symboles des sociétés qu'ils essaient de

1. Frédéric Monier, « Défendre des "terroristes" dans la France de 1935. L'avocat des "Oustachis croates" », dans *Le Mouvement social*, 2012 (n° 40).

renverser. La France paye un lourd tribut, tout d'abord en raison de son histoire révolutionnaire dont les partisans se réclament les héritiers en commettant des attentats, ensuite en demeurant un pays refuge pour les anarchistes qui fuient les régimes autoritaires tout en se nourrissant de la lutte des classes.

Si le terrorisme anarchiste décline au début du XIXe siècle, en particulier en raison d'une répression sans faille de la part des États attaqués, d'autres le remplacent. Les peuples veulent se reconnaître comme faisant partie d'une même nation. Cela va engendrer de nouvelles violences que l'on pourrait qualifier de terrorisme séparatiste, avec la revendication du principe des nationalités. L'Europe a connu de nombreux assassinats dans ce contexte.

La Seconde Guerre mondiale va embrouiller les choses, car le terrorisme devient libérateur. D'un côté, la guerre apporte une nouvelle justification de l'assassinat lorsque la cible se confond avec un régime particulièrement cruel et oppressif. De l'autre, c'est le tyran lui-même et son régime qui définissent le terrorisme. Le terme « terroriste » est utilisé par les nazis pour désigner les résistants à l'oppression et les actes violents qui en découlent. Aujourd'hui encore, ce renversement existe et certains mouvements violents récusent, dans une véritable guerre de l'information, l'appellation de « terroriste » et lui préfèrent celle de « résistant ».

À l'issue de la guerre et en raison de la mobilisation de toutes les ressources humaines et économiques du monde libre, au nom de la lutte contre le totalitarisme et pour la liberté, se développe sur le territoire des pays européens ayant un passé colonial une action d'un genre nouveau : un terrorisme indépendantiste lié à la lutte contre la colonisation, reposant sur le droit des peuples à disposer d'eux-mêmes. Des Fronts de libération nationale (FLN) voient le jour, par exemple en Indochine et en Algérie. Ils se dressent contre les puissances coloniales et pratiquent une politique de la terreur en multipliant les attaques à la bombe ou à l'arme automatique. Cette période de guerre civile engendre un contre-terrorisme politique et militaire, à l'instar de l'Organisation de l'armée secrète (OAS) qui va déstabiliser la France par de nombreux attentats en Métropole comme en Algérie.

Les années 1970 voient l'émergence de ce que les historiens dénommeront la stratégie de la tension provoquée par l'ultradroite néofasciste en Italie et la résurgence d'un activisme d'extrême gauche violent qui pratique la lutte armée dans toute l'Europe. Les motivations demeurent variées : certains conçoivent leur combat dans une perspective internationaliste et d'autres dans une conception anti-impérialiste que l'on peut classer en deux tendances :

— la première liée à la cause palestinienne, sur fond d'antisionisme, où l'Organisation de libération de la Palestine (OLP) multiplie les détournements d'avions, les attentats et les prises d'otages, avec comme apogée l'assassinat de onze athlètes israéliens et d'un policier allemand aux jeux Olympiques de Munich en 1972 ;

— la seconde tendance liée à la déstabilisation de la société capitaliste occidentale. Pendant une décennie, la violence politique débouche sur le développement de la lutte armée et le terrorisme, avec une telle intensité qu'on surnomme cette période les « années de plomb » : Brigades rouges en Italie ; Fraction armée rouge en Allemagne ; Cellules communistes combattantes en Belgique ; Action directe en France qui renoue avec les attentats anarchistes de la fin du XIXe siècle et dont les motivations sont la déstabilisation de la société bourgeoise et l'avènement d'une société de type égalitariste.

Les bouleversements des équilibres au Moyen-Orient, et en particulier la révolution iranienne de 1979 entraînant la chute du Shah et l'arrivée au pouvoir d'une théocratie chiite avec à sa tête l'ayatollah Khomeiny, engendrent des opérations sanglantes organisées par des États qui vont semer la désolation et la terreur en Europe dans les années 1980. Même si la France a donné asile au chef religieux iranien, elle n'échappe pas aux attentats dont le seul but consiste à tuer des gens au hasard. Ce terrorisme d'État prend le nom de « diplomatie par les bombes ».

Dix ans plus tard, alors que la France croit être libérée du fléau, le pays subit les conséquences du début de l'islamisme et du soutien du gouvernement français à l'État algérien. Le Groupe islamiste armé (GIA) frappe la France en 1994 à Marseille avec le détournement de l'avion d'Air France et en 1995 avec l'attentat à la bombe dans le métro Saint-Michel. Le meurtre aveugle se substitue à l'assassinat ciblé. Le regain d'actions terroristes en France, conjugué au retour des Français de confession musulmane partis combattre à l'étranger depuis la fin des années 1990 (Bosnie, Afghanistan, Irak, Syrie), ou à la menace endogène de jeunes issus de l'immigration ne se sentant pas Français et développant ressentiment sinon haine viscérale de la France, entraîne le déploiement d'un nouveau terrorisme plutôt tourné vers le crime de masse que sur le meurtre ciblé.

La terreur et le crime de masse réapparaissent dans toute leur horreur le 11 septembre 2001. Pour la première fois dans l'histoire de l'humanité, des avions commerciaux sont détournés avec leurs passagers et deviennent des bombes vivantes projetées sur deux tours jumelles à New York qui représentent, aux yeux des fondamentalistes islamiques, le symbole de la culture occidentale.

Mais revenons à l'assassinat politique proprement dit, celui qui est pratiqué depuis les débuts de l'humanité comme un instrument politique « naturel », garantissant un changement de régime. Essayons de lui donner une définition : il s'agit de la mise à mort intentionnelle d'une personne, perpétrée pour des raisons liées à sa position publique éminente et commis à des fins exclusivement politiques.

De manière surprenante, l'histoire enseigne que le meurtre politique a souvent manqué son but. Le Premier Ministre britannique Benjamin Disraeli allait même plus loin et déclarait, quelque temps après l'assassinat d'Abraham Lincoln en 1865 « qu'aucun assassinat n'avait jamais changé la face du monde ». Aurait-il fait cette déclaration après le meurtre de l'archiduc François-Ferdinand à Sarajevo, où deux coups de feu entraînèrent plus ou moins directement la mort de 20 millions de soldats et la chute de quatre empires ? Mais, il est vrai que si l'on prend la peine de comparer les mobiles affichés aux résultats escomptés, l'histoire des assassinats n'en compte aucun qui ait donné les résultats conformes aux buts des assassins. Gavrilo Princip et ses camarades n'ont pas obtenu, en 1914, l'indépendance de la Bosnie telle qu'ils la souhaitaient. William Booth a fait de Lincoln un martyr et son acte a déchaîné les foudres de l'Union sur la Confédération. Cette affirmation doit toutefois être tempérée car même si la tentative de meurtre d'Orsini contre Napoléon III, en 1858, a échoué, elle n'en a pas moins directement conduit l'Empereur à changer d'attitude à l'égard de l'Italie. En 1859, la France entre en guerre contre l'Autriche-Hongrie pour soutenir la cause italienne, ce qui débouchera sur l'indépendance italienne. De la même façon, l'assassinat du président Anouar el-Sadate par des extrémistes musulmans est suivi par un relâchement de la politique égyptienne de détente avec Israël, à la grande satisfaction des Frères musulmans.

Par conséquent, si le meurtre politique n'a pas réussi à orienter directement le changement institutionnel, politique, social, tel que le veulent les conspirateurs, il a plus d'une fois prouvé qu'il pouvait affecter des situations qui en l'absence de violences meurtrières seraient restées figées. Le meurtre politique a donc encore de beaux jours devant lui.

En le remettant à sa place, l'assassinat politique n'est qu'une forme de violence très minoritaire mais indéniablement spectaculaire dans sa réalisation, dans sa préparation, dans l'enquête qui ne manquera pas d'être déclenchée et aussi dans ses conséquences. Les poignées de minutes, voire de secondes, de la commission de l'acte sont sans commune mesure avec le retentissement à long terme de l'événement. Les forces profondes, matérielles, affectives et même religieuses ne manqueront pas d'être analysées dans le temps long avec une puissante lenteur. Individuellement, l'analyse des attentats évoqués dans cet ouvrage fourmille en hasards qui auraient pu faire basculer le destin tout différemment. De Gaulle aimait à citer Lucrèce[1] dans ses conférences de l'École de guerre. Lucrèce, dans la première moitié du dernier siècle avant notre ère évoquait « cette minuscule impulsion qui fait varier soudain la course d'un atome ». Il concluait que si tous les mouvements étaient enchaînés dans la nature, que si d'une première action naissait toujours une seconde suivant un ordre rigoureux et que rien ne vienne rompre les lois de la fatalité, les causes se succéderaient à l'infini et il ne servirait à rien aux êtres vivants d'avoir une liberté de conscience. Lucrèce mettait en doute la toute-puissance du destin. Par voie de conséquence, l'accomplissement, ou l'échec, d'un attentat politique ne pouvait être marqué par la Providence mais par plusieurs explications rationnelles qui suffisaient à expliquer le phénomène en question.

À l'inverse, à la fin du XVIIIe siècle, le poète moraliste Sébastien-Roch Nicolas, plus connu sous le nom de Chamfort, affirmait : « Quelqu'un disait que la Providence était le nom de baptême du hasard ; quelque dévot dira que le hasard est un sobriquet de la Providence. » Pour aller plus loin, et à la manière des matérialistes du XIXe siècle, on peut aussi définir le hasard comme l'aléatoire absolu, la rencontre entre des faits indépendants les uns des autres auquel on ne peut assigner de loi ni de raison. Augustin Cournot[2] prenait un exemple cité par Jean-Noël Jeanneney[3] : « Une tuile tombe d'un toit, soit que je passe ou ne passe pas dans la rue ; il n'y a nulle connexion, nulle solidarité, nulle dépendance entre les causes qui amènent la chute de la tuile et celles qui m'ont fait sortir de chez moi pour mettre une lettre à la poste. La tuile me tombe sur la tête et voilà le vieux

1. Lucrèce (94 av. J.-C. ? – 54 av. J.-C. ?) : poète et philosophe romain.
2. Augustin Cournot, *Traité de l'enchaînement des idées fondamentales dans les sciences et dans l'histoire, 1861.*
3. Jean-Noël Jeanneney, *Un attentat, Petit-Clamart, 22 août 1962.*

logicien hors de service : c'est la rencontre fortuite ou qui a lieu par hasard. »

Faut-il s'en tenir aveuglément à ces deux options : Divine Providence contre aléatoire absolu ? Bien sûr que non. Tout meurtre politique est un événement enchaînant des causalités qui ont construit les limites où le hasard s'est déployé. Depuis le début du XXe siècle, un autre facteur non négligeable est à prendre en considération : celui de la communication et de la manipulation de masse. Deux vérités vont dès lors s'affronter, celle révélée par l'enquête de police et celle escamotée par des raisons politiques. Au fur et à mesure que s'ouvrent les archives de la Police, elles viennent parfois heurter la dévotion quasi mystique qui perpétuait le culte du héros sauvé par la Providence. Il faut donc expliquer les circonstances qui ont fait que le sort ait pu tenir un pareil rôle et analyser les évolutions qui ont infléchi l'événement, sans tomber dans l'uchronie et l'histoire des possibles.

PREMIÈRE PARTIE

AUX ORIGINES DU MEURTRE POLITIQUE : LE TYRANNICIDE

Les assassinats politiques traités dans cet ouvrage ne représentent qu'une modeste fraction de la multitude de meurtres relevés dans l'histoire de l'humanité. Alors pourquoi remonter à l'Antiquité romaine et à la France de l'époque moderne ? Pour la simple raison que ces deux exemples représentent la quintessence du tyrannicide.

Rome a donné naissance aux plus anciens efforts d'organisation politique connus depuis la nuit des temps. À l'origine, la Cité constitue un agrégat de petites entités dotées de règles érigées en valeur fondamentales. Le Tyran représente le transgresseur suprême, celui qui viole ces règles. Par conséquent, il doit être frappé. Du Ve siècle au IIe siècle avant Jésus-Christ, Rome fournit l'exemple parfait d'un consensus politique qui rend inutile le recours dramatique que représente le tyrannicide. Il faut attendre que la cité devienne empire, que le nombre de citoyens soit trop élevé et trop dispersé afin d'obéir aux modes complexes de la démocratie pour que le meurtre politique tienne lieu de règle de succession.

Les contributions de Rome à l'intelligence du meurtre politique reposent sur une double question : l'assassinat est-il un instrument de bonne politique, un contre-pouvoir indispensable ? Le meurtre du Tyran ne va-t-il pas déclencher des conséquences éloignées des espérances des comploteurs ?

La réponse réside dans le meurtre de Jules César commis par des conjurés. Son meurtre représente l'expression dramatique d'une crise sociale et constitutionnelle qui débouche sur la mort de la république, l'instauration de l'empire et l'élévation de l'assassinat politique en mode de transmission successoral. Après le règne de César, de nombreux meurtres politiques apparaissent davantage comme le produit d'intrigues de palais ou de mutineries militaires que comme des événements révélateurs de graves conflits politiques.

Au fil des siècles, l'Église concurrence la Cité dans son rôle protecteur et reconstitue des règles de vie en société. Il faut attendre le XVIe siècle et le schisme entre les deux religions catholique et protestante pour que l'Église formule la théorie du tyrannicide chrétien. En cela, elle assume l'élimination du prince hérétique, tyran absolu et usurpateur, à l'initiative de chacun en application radicale d'un principe de subsidiarité. Le roi Henri IV, qui avait abjuré sa foi protestante, fut victime d'un tyrannicide commis par un homme isolé, instable psychologiquement. Des similitudes apparaissent entre les deux hommes que plus de 1 600 ans séparent. César comme Henri IV ne se comportaient pas comme des tyrans et étaient plutôt aimés de leur peuple.

CHAPITRE 1

« Toi aussi, mon fils ! »

L'assassinat de Jules César
Ides de Mars (15 mars 44 av. J.-C.)

Il est 5 heures ce 15 mars 44 av. J.-C., quand Jules César prend enfin la décision de se rendre au Sénat malgré de nombreux présages défavorables.

Suétone rapporte que quelques mois auparavant, des colons conduits à Capoue, voulant bâtir des maisons de campagne, détruisirent des tombeaux très anciens. Ils trouvèrent dans une sépulture une tablette de bronze qui supportait une inscription en grec : « Lorsque les ossements de Capys (fondateur de Capoue) seront mis au jour, il arrivera qu'un descendant Iules périra de la main de ses proches et que sa mort sera vengée par de terribles calamités qui fondront sur l'Italie[1]. »

On porte à la connaissance du premier des Romains que les chevaux consacrés aux dieux lors du passage du Rubicon refusent obstinément de s'alimenter et versent des larmes abondantes. Pour conjurer le sort, César s'empresse d'offrir un nouveau sacrifice, mais l'aruspice Spurinna l'avertit de se garder d'un danger au cours des ides de mars. Et pour couronner le tout, sa femme Calpurna a rêvé la nuit précédente que son mari se faisait transpercer de coups de lames.

1. Suétone, *La Vie des douze César*, 121 apr. J.-C.

Le destin doit s'accomplir. Comme l'affirme Plutarque, « tout se déroule comme si une main supérieure avait conduit César vers la vengeance de Pompée ». Après avoir hésité toute la journée, le proconsul se laisse convaincre par Marcus Junius Brutus de ne pas offenser les sénateurs qui étaient assemblés et l'attendaient depuis longtemps. Il prend le parti de sortir mais bien décidé à ne prendre aucune décision importante ce jour-là. Sur son passage, le rhéteur[1] Artémidore l'interpelle et lui glisse un billet dans lequel il révèle le complot :

— Lis ceci, César, seul et tout de suite, il s'agit d'affaires d'une extrême importance pour toi.

Le dictateur à vie le mêle à d'autres papiers qu'il tient dans sa main gauche, comme pour les lire plus tard. Il entre dans le Sénat où il est accueilli par Spurinna. César se moque du prêtre qu'il traite d'affabulateur et de menteur parce que les ides de mars étaient arrivées sans aucun incident pour lui.

— Elles sont arrivées, mais elles ne sont pas encore passées, rétorque Spurinna.

Avant de pénétrer dans la curie, comme le prévoit la coutume, Spurinna, bougon, examine les entrailles d'un animal sacrifié pour avoir l'assentiment des dieux. Ce jour-là, on tue trois bêtes et on n'y voit que de mauvais présages. Decimus Brutus décide de forcer le destin et convainc le proconsul de maintenir la réunion.

Jules César s'assoit et les conjurés l'entourent, sous prétexte de lui faire leur cour. L'un d'entre eux, Cimber Tullius, s'approche pour lui demander le rappel de son frère exilé. Il ne faut pas oublier ce que représente l'exil pour un Romain. Ce n'est pas seulement l'éloignement du sol de la patrie, c'est aussi l'interdiction du culte. Par conséquent, exiler un homme, selon la formule usitée à l'époque, revient à le priver de feu et d'eau. Ce n'est pas un acte anodin, et comme César s'est refusé de prendre

1. Maître de réthorique.

des décisions ce jour-là, d'un geste, il remet l'affaire à un autre moment. C'est le signal de la curée. Cimber Tullius saisit alors sa toge à deux mains pendant qu'un des conjurés le blesse avec un couteau, par-derrière au niveau du cou. César prend le bras de Cimber et le perce de son glaive. Il veut s'élancer quand une autre blessure l'arrête. C'est à ce moment-là qu'il voit tous les poignards levés sur lui. Il s'enveloppe la tête avec sa toge et fait descendre sa main gauche sur ses talons afin de tomber décemment. Il est percé de vingt-trois coups de couteau, un par conjuré. Il n'a poussé qu'un gémissement au premier coup porté, sans proférer de parole. Plutarque racontera par la suite qu'il aurait dit en grec à Brutus : « Toi aussi, mon petit ! » traduit en latin par : « Toi aussi, mon fils ! » Ces derniers mots alimentent depuis la fausse rumeur selon laquelle Brutus, fils de Servilia, une des maîtresses du maître de Rome, serait également le fils de César[1].

Tous les conjurés s'enfuient et laissent le corps inanimé étendu par terre. Il y reste jusqu'à ce que trois esclaves le mettent sur une litière, les bras pendants, et le ramènent à son domicile. Appelé à son chevet, son médecin personnel Antistius ne peut que constater le décès. Il précise que de toutes les blessures, seule la deuxième qui lui a perforé la poitrine était mortelle.

« Jules César périt dans la 56e année de son âge et fut compté au nombre des dieux », selon Suétone qui pousse son analyse plus loin encore : « Il avait renvoyé la garde espagnole qui l'escortait toujours sabre à la main. Sa mort fut telle qu'il l'avait souhaitée. Il n'avait que mépris pour une mort lente et avait exprimé le désir de mourir vite et inopinément. »

Jules César est aussi génial stratège sur le champ de bataille que brillant orateur dans la vie politique. Issu d'une famille patricienne, il s'aligne politiquement sur la plèbe et, en 60 av. J.-C., impose un triumvirat avec Crassus et Pompée. En parallèle, il entreprend la conquête de la Gaule. Rome semble

1. Cette rumeur, lancée par Plutarque, n'est plus considérée comme plausible par les historiens.

avoir trouvé une période d'abondance et de stabilité quand la mort de Crassus, en 53 av. J.-C., entraîne l'effondrement de la coalition et l'apparition de tensions entre César et Pompée. Le Sénat craignant une alliance entre le général vainqueur en Gaule et le peuple lui demande d'abandonner son commandement de l'armée. César refuse et en 50 av. J.-C., il ordonne à la treizième armée d'avancer jusqu'à Rimini et de franchir le Rubicon. S'ensuivent quatre années de manœuvres politiques, d'opérations militaires en Italie, en Grèce, en Égypte, en Asie Mineure et en Tunisie. César remporte sa dernière victoire sur le sol espagnol à Munda, le 17 mars 45 av. J.-C., et inflige une lourde défaite aux derniers vestiges de l'armée de Pompée et du Sénat.

Le 14 février 44, contraint et forcé, le Sénat lui confère le titre de dictateur à titre perpétuel, mais aucune décision ne révèle un tyran envisageant de renverser la République. En revanche, en s'accrochant au titre et aux pouvoirs d'urgence de sa fonction, il menace la sacro-sainte supériorité du Sénat sur tous les magistrats, consuls compris. La conjuration avait commencé à prendre forme après sa victoire à Munda, quand ses adversaires avaient perdu leur dernier espoir de le voir battu ou tué sur le champ de bataille. Le projet d'élimination physique du tyran est arrêté, même si les modalités sont encore floues. Les conjurés hésitent sur le lieu : serait-ce le Champ de Mars pendant les comices, alors que César fera voter les tribus ? Le frapperont-ils sur la Via Sacra, lors d'un de ses innombrables déplacements ? Ou attendront-ils sur le seuil du théâtre ? Mais quand ils voient le Sénat convoqué pour les ides de mars, ils jugent que le destin lui-même a décidé du lieu et du moment les plus favorables. En effet, le temps presse. César doit partir en expédition trois jours plus tard contre les Parthes et les conjurés veulent empêcher une nouvelle guerre.

Dans son livre, Suétone évoque une conspiration de plus de 60 personnes parmi lesquelles on trouve l'amiral Decimus Brutus, Cassius, un autre amiral pompéien celui-là, à qui César avait accordé son pardon et Marcus Junius Brutus. Arrêtons-nous sur le cas de ce dernier, héritier d'une des grandes familles de Rome, fils légitime de Marcus Brutus et de Servilia Caeponis, gouverneur de la Gaule désigné par César lui-même en 46 et élu préteur[1] pour l'année 44. Brutus n'a pas l'ambition démesurée de son complice conspirateur Cassius et n'a aucune raison intéressée de se retourner contre le chef qu'il sert loyalement jusqu'à l'été 45. Cette apparente indépendance et le portrait tragique et vertueux, aujourd'hui nous dirions romantique, que Plutarque dresse de lui expliquent en partie sa réputation de défenseur de la République. Brutus légitime l'acte d'un citoyen envers Rome entraînant la rupture du serment prêté à un tyran. L'ambition personnelle de César a perturbé sa capacité à gouverner avec équité et, comme il ne remplit plus ses responsabilités de dirigeant, les sénateurs sont relevés de leur serment, justifiant ainsi le tyrannicide.

Ainsi, en voulant sauver la République, les conspirateurs précipitent sa perte. Ils ouvrent une période de guerre civile qui donne naissance au second triumvirat et qui aboutira très vite à l'avènement de l'empereur Auguste, fils adoptif de Jules César. De surcroît, le tyrannicide devient presque un mode normal de gouvernement puisque les sept empereurs qui succèdent à Auguste succomberont tous de mort violente.

La mort de César se situait-elle, comme le suggère Plutarque, « parmi les événements d'ordre divin »[2] ? Et de préciser, comme si les acteurs de la tragédie ne pouvaient se soustraire à leur destin, qu'une « comète demeura visible dans le ciel pendant les sept jours suivant la mort de César » et que « le rayonnement du soleil faiblit pendant une année entière, ayant pour conséquence de mauvaises récoltes ». Gardons toutefois présent à l'esprit que Plutarque, pas plus que Suétone, n'est contemporain de Jules César. Plutarque naît 90 ans après la mort du proconsul et Suétone écrit 160 ans après la mort de César.

1. Préteur : magistrat de rang sénatorial.
2. Plutarque, *Vie de César*.

CHAPITRE 2

La fin du vert galant

L'assassinat d'Henri IV
14 mai 1610

Après avoir abjuré sa foi protestante, Henri est couronné roi à Chartres en 1594 sous le nom d'Henri le quatrième. Il met en place une série de décisions connues sous le nom d'édit de Nantes qui confèrent aux huguenots français la liberté de culte et de conscience et leur garantit un égal traitement devant les lois. Dans le même temps, il réaffirme la règle fondamentale suivant laquelle seul un catholique peut monter sur le trône de France.

Henri IV est un roi de légende. Sa notoriété le fait entrer dans la postérité comme le Bon Roi Henri. Il reçoit ce surnom affectueux peu de temps après sa mort, de la part de ses sujets le remerciant d'avoir ramené la paix et la prospérité dans le royaume. Au début de son règne, il donne un rôle primordial à une écoute pour se concilier la faveur des chefs des deux factions qui se sont entretuées pendant la guerre civile qui vient de se terminer.

Le roi de France et de Navarre est un gentilhomme madré, ferme et habile, doublé d'un soldat, amateur de jupons – on le surnommait le Vert galant et n'affirmait-on pas qu'il aimait les femmes presque autant que les chevaux ? – et de bonne chair. Tout le contraire de son prédécesseur Valois, le défunt roi Henri III assassiné en 1589.

En matière d'affaires étrangères, Henri pratique une politique d'équilibre avec la très catholique Espagne dont il se méfie en évitant de l'affronter directement. Il apporte un peu d'aide à ses alliés huguenots hollandais et temporise avec l'Angleterre malgré son aversion à l'encontre de la reine Elizabeth Ire.

Sur le plan national, il confie le poste de Premier ministre de la Couronne et gardien des finances royales au duc de Sully, un protestant éminent qui répète à l'envi que « labourages et pâturages sont les deux mamelles de la France ».

Or, en ce début d'année 1610, les équilibres sont sur le point de se rompre. Henri IV semble abandonner la voie de la modération. Non seulement il manifeste l'intention de conduire ses troupes aux Pays-Bas et d'y affronter la couronne d'Espagne, mais il envisage de contrer le Saint Empire romain germanique. En effet, la France a décidé d'appuyer les revendications des princes protestants dans la succession des duchés rhénans de Clèves et de Juliers.

Paris n'est que bruits et rumeurs persistantes en cette mi-mai 1610. Après des années de tergiversation le roi, qui n'avait aucune confiance dans le jugement politique de Marie de Médicis, a accepté que la reine soit nommée régente. Le 13 mai, la reine est couronnée officiellement à Saint-Denis et le 16 mai, elle doit faire son entrée triomphale à Paris. Lors de la cérémonie, un médecin du roi, astrologue à ses heures, le met en garde contre la journée du lendemain et plus précisément la soirée.

Ce 14 mai en milieu d'après-midi, Henri IV décide de se rendre au chevet de son ministre, le duc de Sully, à sa résidence de l'Arsenal, afin d'évoquer les dernières mesures à prendre avant son départ pour l'armée des Flandres. Il en parle à la reine que la prédiction a bouleversée. Elle essaie de le faire changer d'avis mais en vain. Henri a rendez-vous avec son destin, même s'il promet à la souveraine d'être rentré avant le soir. Le capitaine des gardes veut l'accompagner car la ville est remplie d'étrangers et d'inconnus venus assister au couronnement officiel de la reine. Henri décline ses services et se trouve seul face à la fatalité.

— Il y a tant d'années que je me garde sans capitaine des gardes que je me garderai bien encore tout seul.[1]

Henri vêtu d'un costume de satin noir monte dans la lourde voiture aux rideaux de cuir. Les banquettes sont disposées en carré. Le roi s'assied au fond à gauche, le duc d'Épernon à sa droite ; face à lui prennent place le maréchal de Lavardin et M. de Roquelaure ; sur la banquette de gauche les ducs de Montbazon et de La Force ; enfin, face au roi, les sieurs de Liancourt et de Mirabeau. La lourde voiture, accompagnée de quelques gentilshommes à cheval et de valets de pied accrochés aux portières s'ébranle. Après avoir franchi la voûte sombre de la première porte puis le guichet du Louvre donnant sur la rue d'Autriche, personne ne remarque un étrange personnage à la barbe rousse, aux cheveux fauves, habillé d'un pourpoint vert, qui a passé la journée à faire le guet autour du Palais.

Le carrosse emprunte le chemin de la croix du Trahoir[2], la rue Saint-Honoré et la rue de la Ferronnerie. Les rideaux de cuir sont ouverts car Henri veut profiter de sa sortie pour voir les préparatifs de la fête déployée pour l'entrée officielle de la reine dans la capitale le surlendemain. Le carrosse chemine lentement en raison d'une grande quantité de badauds qui flânent en admirant les arcs de triomphe que les charpentiers achèvent de dresser sur le futur parcours de la souveraine. Parmi eux, des jeunes gens vêtus avec beaucoup d'élégance barrent presque entièrement le passage étroit que laisse la multitude de boutiques et d'échoppes s'élevant comme deux murs parallèles. Derrière ces aristocrates marchent des laquais, eux aussi richement vêtus. Tout ce petit monde prend plaisir à coudoyer rudement de graves bourgeois en costume noir qui se retirent en murmurant tout bas des imprécations contre l'insolence de la noblesse. L'étrange personnage qui traînait devant le Louvre se fond dans la foule et marche tête baissée en suivant le carrosse royal qui s'engage dans l'étroite rue de la Ferronnerie.

1. Tiré d'un article de Jean-Christian Petitfils, paru dans *Historia* du 20 août 2023.
2. Aujourd'hui rue de l'Arbre-Sec.

La rue de la Ferronnerie est un de ces passages étroits où les encombrantes voitures de la noblesse emplissent la rue, obligeant les piétons à se plaquer contre les murs des masures. Ce jour-là, deux charrettes, l'une chargée de vin et l'autre de fourrage, bloquent la rue.

Par un clin d'œil du destin, le carrosse royal s'arrête au pied d'une auberge à l'enseigne du Cœur couronné percé d'une flèche. Pendant que le cocher saute de son siège, les valets de pied pendus aux portières descendent pour essayer de dégager la rue. C'est le moment que choisit l'inconnu qui suit le cortège depuis le Louvre pour sauter sur le véhicule royal. Il pose le pied gauche sur une borne de la rue, puis le pied droit sur un des rayons de la roue, agrippe un point fixe du carrosse de sa main droite et frappe de sa main gauche en flexion du coude.[1] Le premier coup de couteau porté trop haut et trop vers l'avant blesse légèrement le roi. Le deuxième coup s'avère mortel. Il perfore le poumon gauche puis le tronc de l'artère pulmonaire. Le troisième coup se perd dans la manche de pourpoint du roi ou d'un de ses compagnons.

— Je suis blessé ! crie Henri avant d'ajouter, ce n'est rien…

Mais le sang jaillit de la bouche du roi. Le duc d'Épernon tente de le panser du mieux qu'il peut. Henri est ramené d'urgence au Louvre, en vain. Le roi est déjà mort à son arrivée au palais.

Pendant ce temps, son méfait accompli, l'agresseur reste sur place, hébété, le couteau ensanglanté à la main. Un gentilhomme de l'escorte se précipite sur lui et va le frapper de son épée quand le duc d'Épernon lui ordonne de le garder vivant pour l'interroger. On le traîne à l'hôtel de Retz, rue Saint-Honoré, où il est fouillé et soumis à la torture. Il s'appelle François Ravaillac, il est né à Angoulême en 1577. Élevé par des oncles très catholiques,

1. Tiré de l'analyse du compte rendu d'autopsie de Jacques Guillemeau par Patrice Le Floch-Prigent, Philippe Bonnichon et Denis Pariente, *Histoire des Sciences médicales*, 2009.

et ultra-catholique lui-même, il reproche au roi d'avoir changé plusieurs fois de religion et d'aligner sa politique étrangère sur le soutien aux princes protestants. Il voulait entrer dans les ordres mais n'a pu le faire en raison d'une instabilité psychologique. Il a des visions et entend des voix. Elles lui ont enjoint d'aller convaincre le roi de convertir tous les huguenots au catholicisme. Par trois fois, il s'est rendu d'Angoulême à Paris pour parler au roi et le convaincre de ne pas faire la guerre au pape. Devant son échec, il prend la résolution funeste de tuer le roi pour délivrer son âme. Ses tourmenteurs veulent lui faire avouer qu'il a agi dans le cadre d'une conspiration et lui faire révéler le nom de ses complices. Ravaillac réaffirme avoir agi en son nom propre pour la gloire de Dieu.

Les interrogatoires s'achèvent et il est traduit devant la cour du parlement de Paris qui le condamne à la mort en place de Grève et « sur un échafaud qui y sera dressé sera tenaillé aux mamelles, bras, cuisses et gras de jambes. Sa main dextre tenant le couteau duquel a commis ledit parricide sera brûlée de feu de soufre et sur les endroits où il sera tenaillé, injecté du plomb fondu, de l'huile bouillante (...) Son corps tiré et démembré à quatre chevaux, ses membres et son corps consumés au feu, réduits en cendres et jetés au vent (...) La maison où il a été né sera démolie... sans que sur le fond puisse à l'avenir être fait un autre bâtiment... Et avant l'exécution d'icelui Ravaillac, ordonne qu'il sera derechef appliqué à la question pour la révélation de ses complices. Signé Pagnai et Courtin.[1] »

Ravaillac est exécuté le 27 mai 1610 et rend l'âme à l'issue d'un très long supplice, sans donner le nom d'éventuels complices ou commanditaires et sans répondre aux questions que se posent les enquêteurs : y a-t-il eu un ou plusieurs tueurs ? De hauts commanditaires se cachent-ils derrière le meurtrier solitaire ?

Le roi est mort, l'énigme Ravaillac n'est pas près de se refermer. Les historiens se penchent depuis sur le sujet : la mort

1. Extrait de l'arrêt de la Cour condamnant le régicide et la famille Ravaillac.

d'Henri IV est-elle réellement due à l'acte isolé d'un fanatique ? Ou bien Ravaillac était-il un homme de main ? Plusieurs pistes se font jour :

– Albert d'Autriche. L'archiduc des Pays-Bas aurait pu être le commanditaire de l'assassinat car Henri IV envisageait d'envahir son pays ;

– un complot des Jésuites dont la confrérie était à l'origine de la contre-réforme. Les Jésuites entretenaient des relations tendues avec Henri IV. Par ailleurs, ils connaissaient Ravaillac qui avait été moine chez eux ;

– la reine Marie de Médicis, épouse jalouse qui ne supportait pas les infidélités à répétition de son mari ;

– le duc d'Épernon, fervent catholique, ami de la reine et des Jésuites, frustré que le roi néglige ses conseils.

Une seule certitude subsiste : le roi est mort assassiné. L'énigme Ravaillac, quant à elle, se poursuit…

DEUXIÈME PARTIE

LE XIXe SIÈCLE, DU RÉGICIDE À LA VIOLENCE ANARCHISTE MEURTRIÈRE

Si, comme le dit l'historien Franklin L. Ford, « l'Europe a enseigné au monde les usages du meurtre politique »[1], le XIXe siècle voit les attentats contre les chefs d'État se multiplier à un rythme sans précédent en raison de l'effet cumulé des nationalismes, de la doctrine politique de l'égalitarisme, des passions religieuses[2] et des mouvements anarchistes. Rien qu'en Europe, vingt et un dirigeants sont la cible d'attentats au cours de ce siècle. Ce bilan ne tient pas compte des tentatives redoublées visant certains personnages. Avec l'invention de l'explosif chimique et l'essor journalistique et littéraire de la presse, la violence politique évolue vers un terrorisme qui frappe ses victimes pour ce qu'elles représentent et non plus pour ce qu'elles sont. De plus, il ne s'agit plus seulement d'éliminer un chef d'État, il faut en plus que cela se sache. Secret, surprise, symbole, telles sont les trois règles du meurtre politique à la fin du XIXe siècle : le ou les conjurés cherchent à se dissimuler avant d'agir, à créer la confusion et l'affolement dans le camp adverse par un acte symbolique et, surtout, à transmettre un message. En France, et

1. *Le Meurtre politique, du tyrannicide au terrorisme*, Franklin L. Ford.
2. La reine Isabelle d'Espagne fut victime d'un prêtre fanatique en 1852 ; en 1874, un catholique allemand tenta d'abattre le chancelier Bismarck.

l'assassinat de Sadi Carnot en est un des premiers révélateurs[1], le terrorisme anarchiste se développe avec un seul objectif : abattre la IIIe République construite dans le sang par la répression de la Commune en 1871. Dans le même temps et pour la première fois, les États européens vont s'unir pour lutter, combattre et éliminer la violence anarchiste aveugle.

J'ai choisi d'évoquer six meurtres ou tentatives de meurtres politiques où la part de la chance et du hasard sont loin d'être négligeables. Les trois premiers dirigeants, Napoléon Bonaparte Premier consul, Louis-Philippe et Napoléon III, auront la baraka et échapperont sans égratignure à l'explosion des « machines infernales » chargées de les anéantir. Ces trois personnalités passeront également à travers toutes les autres tentatives de meurtre politique, ce qui renforcera le sentiment d'une protection divine auprès de l'opinion. Pour les trois derniers, Abraham Lincoln, Sadi Carnot et l'impératrice Élisabeth d'Autriche, ils auront la malchance de succomber à la première tentative. Le premier d'une balle de revolver dans la tête, le deuxième d'un coup de couteau dans le thorax et la troisième d'un coup de lime en plein cœur.

1. Casério est un anarchiste mais il commet un régicide classique, assassinant Sadi Carnot pour ce qu'il a fait, en l'occurrence n'avoir pas gracié deux militants anarchistes qui ont été exécuté en 1894.

CHAPITRE 3

Premier attentat à la voiture piégée

L'attentat contre Bonaparte, Premier consul 24 décembre 1800

Après le succès du coup d'État de Brumaire, Bonaparte doit compter avec deux oppositions : celle des jacobins dont l'influence reste grande à Paris, et celle des royalistes, moins bien implantés dans la capitale mais y disposant encore des réseaux chouans. Les premiers se rendent bien vite compte que le Premier consul, malgré les gages donnés en vendémiaire et en fructidor, entend confisquer la République à son profit ; les seconds perdent rapidement leurs illusions, notamment celle de voir Bonaparte se transformer en défenseur de la royauté et rétablir Louis XVIII sur le trône de ses ancêtres.

L'attentat du 24 décembre 1800 est un des plus symptomatiques puisqu'il mêle le tyrannicide et la technologie, la référence à l'Antiquité et l'utilisation d'une machine infernale, soit un engin explosif. L'attentat de la rue Saint-Nicaise peut à ce titre être considéré comme le premier attentat à la voiture piégée de l'Histoire.

Dans les derniers mois de l'année 1800, même si la chouannerie est de moins en moins soutenue par la population locale, Georges Cadoudal poursuit son plan de restauration de la royauté prévoyant un soulèvement général et un débarquement des troupes anglaises avec à leur tête le comte d'Artois[1]. Cadoudal projette dans un premier temps de s'emparer du Premier consul, de l'embarquer pour Jersey et de l'envoyer, déjà, finir ses jours sur l'île de Sainte-Hélène. La victoire de Marengo, le 14 juin 1800, renforce la position de Bonaparte et contrecarre le projet de débarquement des Anglais.

Pour les chefs chouans, il est clair que tant que le Premier consul sera au pouvoir, toute contre-révolution sera vouée à l'échec. Dans le même temps, Bonaparte veut neutraliser Cadoudal et l'opposition royaliste. « Prenez, mort ou vif, ce coquin de Georges », ordonne-t-il au général Bernadotte, commandant de l'armée de l'Ouest.

Une question se pose désormais chez les conspirateurs : faut-il capturer le tyran ou l'assassiner ? Lors de son procès, Cadoudal soutiendra, à l'opposé de la thèse défendue par l'accusation, que la mission confiée à Robinault de Saint-Régent, le chef chouan de la division de Saint-Méen, était de faire des repérages afin d'enlever Bonaparte et non de commettre un attentat à l'explosif.

« Les auteurs de l'attentat du 3 nivôse, tous agents de Georges, paraissent successivement à Paris. Joyau, dit d'Assas, arrive le 13 brumaire ; Lahaie Saint-Hilaire, dit Raoul, le 17, et Limoëlan, dit Beaumont, le 20 brumaire au soir. Le 5 frimaire arrive effectivement un agent de Georges mais, au lieu de Mercier, c'est Saint-Régent, chef de chouans du département d'Ille-et-Vilaine, connu sous le nom de Pierrot, et cet homme est un monstre dont les crimes font frémir l'humanité. Il est chargé de frapper le Premier consul. L'intervalle du 7 au 11 frimaire est consacré à divers soins que conseillait la prudence ; on s'assure de nouveaux logements ; on fait faire des démarches pour pénétrer la police ; on lui prépare des pièges pour donner le change à sa surveillance.[2] »

1. Futur Charles X.
2. Extrait du rapport du 11 pluviôse an IX (31 janvier 1801) du ministre de la Police sur les auteurs de l'attentat du 3 nivôse.

Très rapidement, les conspirateurs décident d'assassiner Bonaparte mais sans en arrêter le mode opératoire. Dans un premier temps, les conjurés optent pour un tir croisé, au théâtre, avec des fusils.

« On balance longtemps sur le choix des armes. Limoëlan et Saint-Régent achètent le 8, chez Bourin, armurier, Palais Égalité, chacun un nécessaire d'armes de 50 louis. Ils les essaient au bois de Boulogne. Quelques jours après ils achètent des carabines à vent pour s'en servir à l'un des théâtres. Le 11 frimaire arrive l'agent de l'Angleterre ; mais au lieu de Rivière, c'est le nommé Hyde... Il rassemble ce jour-là même, à l'hôtel des Deux-Ponts, les agents de Georges, et discute avec eux les moyens de faire réussir l'attentat que le cabinet de Londres, pressé par les victoires des armées françaises, leur ordonnait de consommer promptement. Ce fut dans ce conciliabule que le complot prit pour la première fois un caractère fixe et déterminé. Il fut décidé que le Premier consul serait assassiné.[1] »

Quelques jours avant l'attentat, Cadoudal, dans une lettre signée Gédéon, presse Saint-Régent de passer à l'action. On retrouve cette impulsion, chère à Lucrèce, qui pousse Saint-Régent à revoir ses plans et le décide à avoir recours à des explosifs pour assassiner Bonaparte. N'oublions pas que deux mois plus tôt, une machine infernale avait été découverte chez un jacobin du nom d'Alexandre Chevalier qui, lui aussi, voulait assassiner le consul lors d'un de ses déplacements à la Malmaison. Chevalier, employé de la poudrerie du dépôt d'artillerie de Meudon, avait mis au point une bombe composée d'un baril rempli de poudre, de balles et d'explosifs. Il allait faire des émules.

François-Jean Carbon dit Petit-François, achète la charrette, le cheval et diverses autres fournitures. Cadoudal renforce son dispositif en envoyant quatre autres chouans qui, même s'ils font partie du complot, ne prendront pas part à l'attentat. Il s'agit

1. Extrait du rapport du 11 pluviôse.

de Jean-Baptiste Coster dit de Saint-Victor, Roger dit Loiseau, Bourgeois et du chevalier du Boisguy.

Le 3 nivôse an IX (24 décembre 1800), peu avant huit heures et malgré le temps maussade, la circulation est active ce soir de réveillon de Noël. Les gens se pressent, la journée terminée, pour rentrer chez eux ou pour aller chez des amis. Les passants ignorent la petite charrette basse à deux roues, recouverte d'une bâche de toile grise qui tombe jusqu'aux ridelles et attelée à un cheval noir. Trois hommes, vêtus de la blouse bleue des marchands d'eau, mènent l'équipage. Les passants ne remarquent pas les regards furtifs jetés à droite et à gauche, par les trois comploteurs, comme s'ils craignent d'être surveillés. Arrivés dans la rue Saint-Nicaise, ils manœuvrent la charrette et la placent en travers de la chaussée. L'animal a la tête tournée vers la muraille et la voiture barre à demi la rue. L'un des trois hommes, le plus petit, à l'air chétif, au long nez et aux yeux bleus se met en quête d'une marchande des rues. C'est Saint-Régent qui rencontre la fillette, Marianne Peusol, alors qu'elle vend des petits pains dans les rues pour aider sa mère, une veuve dans la misère. Il lui donne douze sous pour tenir la jument quelques minutes, pendant qu'il visite un client. La petite fille pauvrement vêtue de vêtements sombres, un fouet à la main, tient la bride de l'animal, heureuse d'être aux premières loges pour regarder les beaux uniformes des cavaliers qui viennent vers elle.

La soirée à l'Opéra rue de la Loi, longtemps attendue, s'avère d'une grande solennité. Quand on avait appris que le Premier consul serait présent, le prix des places avait doublé et dès 7 heures il ne restait plus un fauteuil à prendre.

Aux Tuileries, Napoléon et sa famille se préparent à assister à la première audition publique hors de Vienne de *La Création* de Haydn, concert qui avait électrisé la capitale autrichienne l'année précédente. Bonaparte s'impatiente pendant que sa femme Joséphine met une dernière touche à sa toilette. Las d'attendre, le Premier consul décide de partir et monte dans son carrosse accompagné des généraux Lannes et Berthier, et de l'aide de camp Lebrun. Enfin prête, Joséphine le suit précipitamment dans une deuxième voiture abritant Hortense, Caroline et le général Rapp. Deux autres berlines transportent les domestiques les plus proches du couple. Le convoi est précédé et flanqué d'un piquet de gardes à cheval.

Dans la nuit noire d'une soirée brumeuse, les lanternes charbonnent et éclairent à peine les voitures. Derrière les glaces embuées des portières, les curieux marchant le long des maisons peuvent à peine distinguer les figures et les uniformes.

Le cortège du Premier consul quittant la cour d'honneur du château passe par le grand guichet, traverse le Carrousel et avance, rapide, au rythme des cavaliers de son escorte. C'est là que se produit le premier clin d'œil du destin, le grain de sable inattendu, celui qui modifie le sens de l'Histoire. Le guetteur qui doit enlever son chapeau pour faire le signal convenu et avertir ses comparses de l'arrivée de Bonaparte reste de marbre. Il regarde passer le cortège sans broncher, manquant de prévenir ses deux complices qui l'observent.

Un fiacre descend en sens inverse vers le Carrousel. Un des grenadiers se précipite, grondant et menaçant de son sabre le maladroit conducteur. La voiture du Premier consul s'engage enfin dans la rue Saint-Nicaise, surprenant les deux conjurés. L'un des deux, Saint-Régent, reste au milieu de la rue pendant que l'autre va mettre le feu au dispositif. Un grenadier de l'escorte, prenant le chef chouan pour un véritable porteur d'eau qui, par entêtement, ne veut pas se ranger, lui applique sur les épaules quelques légers coups de sabre pour l'éloigner.

Second grain de sable, le cocher conduisant le Premier consul voit la charrette attelée qui menace de lui barrer la route. Il ralentit dans un premier temps et prend immédiatement la décision de pousser son attelage avec vigueur en obliquant vers la droite et en s'engageant dans la rue de Malte. Par son geste réflexe, il vient de sauver la vie du Premier consul. Tout à coup, au moment où la deuxième voiture va s'engager dans la rue

Saint-Nicaise, une violente détonation retentit. Le cocher inquiet retient ses chevaux et rebrousse chemin. Dans la rue Saint-Nicaise des gens courent, affolés, des gémissements s'élèvent de toutes parts. Des pans de murs s'écroulent. Des tuiles claquent sur les pavés, des plafonds s'effondrent, des vitres brisées, des planches, des pierres jonchent le sol et s'entassent dans la rue. Les cavaliers de l'escorte se sentent soulevés de leur selle. L'un d'eux tombe et reçoit des tuiles sur la tête et les épaules. Dans la rue de Malte, par la violence du souffle, la voiture de Bonaparte oscille et toutes les vitres se brisent.

Napoléon qui somnolait donne l'ordre d'arrêter et fait appeler l'officier commandant le détachement pour lui demander s'il y a des blessés parmi le convoi. On lui répond par la négative, hormis un cavalier qui ne souffre que de quelques égratignures. Le cortège se remet en route pour l'Opéra. L'animation est grande dans la salle qui bruisse de rumeurs à la suite de ce que la foule avait pris pour un coup de canon.

Le consul arrive quelques minutes après, très serein, et se place comme de coutume sur le devant de sa loge, et comme tous les regards sont fixés sur lui, il affecte le plus grand calme. Nul ne peut se douter qu'il vient d'échapper à une tentative d'assassinat. L'audition peut enfin débuter.

Mais la rumeur d'un attentat à l'engin explosif dont vient de faire l'objet le Premier consul ne tarde pas à toucher l'Opéra et, à l'entracte, le grand salon du rez-de-chaussée qui donne sur la terrasse se remplit de courtisans qui veulent observer le maître pour savoir ce qu'ils doivent penser. Il ne les fait pas attendre longtemps : « Voilà l'œuvre des Jacobins ; ce sont les Jacobins qui ont voulu m'assassiner ! »

Fouché et quelques conseillers cherchent à lui faire entendre qu'il n'existe aucune preuve contre personne et qu'avant de désigner des coupables, il faut les connaître. Bonaparte répète avec une nouvelle violence que c'est l'œuvre des jacobins. La preuve irréfragable ? L'engin utilisé s'inspire de celui d'Alexandre Chevalier.

Le lendemain de l'attentat qui a fait 22 morts, 28 blessés graves, une centaine de blessés légers, et endommagé 46 maisons de la rue Saint-Nicaise, l'affluence est considérable aux Tuileries et Napoléon donne ses instructions : « Tant que cette poignée de brigands m'a attaqué directement, j'ai laissé aux lois le soin de les punir ; mais puisque, par un crime sans exemple, ils ont mis en danger une partie de la population de Paris, le châtiment sera aussi prompt qu'exemplaire. Il faut qu'une centaine de misérables qui ont calomnié la Liberté en commettant des crimes en son nom soient réduits à l'impossibilité d'en commettre de nouveaux. »

L'enquête : un modèle d'efficacité

Pendant que l'enquête s'oriente dans un premier temps, sur instructions du Premier consul, exclusivement en direction des milieux jacobins, sur les lieux de la catastrophe les secours s'organisent. Le commissaire Jean-François Sobry de la division de la Fontaine de Grenelle s'est empressé de se procurer des brancards, de réunir des porteurs, des gardes nationaux et de faire appel à des médecins. On relève les victimes, on les porte au corps de garde, dans les hôpitaux ou chez eux. La petite fille qui tenait la bride du cheval est retrouvée au milieu de la rue Saint-Nicaise, dans le ruisseau. « Elle n'était plus qu'un lambeau de chair humaine, complètement nue, la peau du visage arrachée, la cervelle jaillie hors du crâne. »

Les enquêteurs recueillent les débris de la charrette et ceux du cheval. Un signalement du cheval est expédié le 4 nivôse à tous les officiers de paix de la Préfecture de police et affiché en partant du principe qu'il serait facile de découvrir qu'une personne avait la veille un cheval et une charrette et plus rien le soir même.

Le 5 nivôse, une marchande des quatre-saisons, la veuve Peusol, vient déclarer que sa fille Marianne a disparu après qu'elle l'a envoyée en commissions du côté de la rue Saint-Nicaise. Le 28 nivôse, un rapport des officiers Marlée et Mercier établit qu'un particulier s'est adressé, le 3 nivôse, à deux jeunes filles qui vendaient des petits pains. Il a demandé que l'une d'elles gardât sa voiture.

La découverte du complot royaliste

Le 6 nivôse, un nommé Jean Lambel, grainetier demeurant au 42, rue Meslée, se rend à la Préfecture pour déclarer que la jument et la charrette lui avaient appartenu et qu'il les avait vendues pour 200 francs, le 26 ou le 27 frimaire (16 ou 17 décembre) à un citoyen de petite taille qui voulait faire du transport de toiles. Puis l'individu a commandé au ferrailleur Brunet un berceau de toile pour recouvrir sa marchandise. Par ailleurs, il souhaitait cercler des tonneaux afin d'y entreposer de la cassonade. Lambel fournit une description précise de l'individu dans son audition : « C'était un petit homme de 5 pieds environ, de 40 et quelques années, cheveux châtain foncé, sans être absolument bouclés, mais poudrés, yeux renfoncés, nez un peu camard, bouche moyenne, menton rond, figure ronde assez pleine, corpulence trapue, vêtu d'une veste de drap bleu foncé, culotte de peau jaune prenant bien les cuisses, bas rayés en long pouvant être de coton, souliers à cordons, pied rond, chapeau rond, ayant de l'odeur dans son tabac renfermé dans une boîte ronde, paraissant de buis, sur laquelle était un cavalier avec une épée de côté. »

La description correspond à François-Joseph Carbon dit le « petit François », un dévaliseur de diligences, domestique de La Nougarède, de Châteauneuf puis de Limoëlan.

Il n'en faut pas plus à Fouché qui, malgré les déclarations de Bonaparte, porte ses soupçons sur les chouans. Il pense plus précisément à Limoëlan, Saint-Régent, Joyaux et Raoul Saint-Hilaire qui ont un lien avec le « petit François ».

Quant à l'engin employé rue Saint-Nicaise, ne ressemble-t-il pas à celui découvert le 17 brumaire dans la chambre du terroriste Chevalier, arrêté et transféré au Temple ? Bonaparte campe sur ses positions, il ne fait aucun doute que cette nouvelle machine est l'œuvre des mêmes hommes, les jacobins.

En fait, c'est Carbon qui a acheté la charrette et le cheval et réalisé l'engin en le chargeant de poudre dans un tonneau cerclé, rempli de mitraille et muni d'une mèche d'amadou. Limoëlan faisait le guet et devait lancer à ses compagnons le signal convenu pour la mise à feu. Il a paniqué et tardé à lancer le signal à Saint-Régent qui, initialement, devait allumer la mèche lente avant de s'enfuir. C'est ce retard à l'allumage qui a sauvé la vie du Premier consul : une mauvaise coordination entre les exécutants ainsi qu'une erreur d'appréciation concernant la combustion de la mèche entraîne un retard de quelques secondes qui permet à la voiture de Bonaparte d'échapper à l'explosion. À cela s'ajoute l'initiative du cocher, mû sans doute par la crainte de se faire remonter les bretelles par Napoléon qui ne supporte pas d'être bloqué dans la circulation.

Les conspirateurs et les raisons

La répression frappe le clan jacobin et quand la police de Fouché arrête Saint-Régent et Carbon, et établit que l'attentat de Nivôse est l'œuvre des chouans, il est trop tard. L'occasion de se débarrasser de l'opposition jacobine est trop forte. Le pouvoir du nouveau régime consulaire sort renforcé de cet attentat raté qui va marquer l'affaiblissement des jacobins et du clan royaliste.

Lorsque Cadoudal apprend l'échec de l'attentat, il entre dans une violente colère contre Saint-Régent : « Je parierais que c'est un coup de tête de ce bougre de Saint-Régent. Il aura voulu venir près de nous se vanter de nous avoir, à lui seul, débarrassé de Bonaparte. Il a dérangé tous mes plans.[1] »

Aucun souverain français, Louis-Philippe excepté, n'a fait l'objet d'autant de tentatives d'assassinat que Napoléon à partir de 1800. La proclamation de l'Empire a suscité une nouvelle vague d'attentats sans qu'il soit possible de séparer le réel de l'imaginaire : la dénonciation calomnieuse du réflexe patriotique ;

1. Mémoires de Jean Rohu, officier chouan (1771-1849).

l'amour pour Bonaparte de l'espoir d'une récompense ; la mythomanie de la méfiance instinctive. On trouve en effet dans les archives de la police toute une série de rapports portant sur les tentatives d'assassinat à l'encontre de l'empereur, où il est souvent impossible de démêler le vrai du faux. Ce qui est certain, c'est que la police prend toutes les dénonciations au sérieux[1] et enquête systématiquement sur chaque soupçon de menace.

Napoléon, à Sainte-Hélène, prétendra ne s'être jamais soucié de sa sécurité et faire confiance à sa destinée :

« Accoutumé dès l'âge de dix-huit ans aux boulets des batailles, et sachant toute l'inutilité de vouloir s'en préserver, je m'abandonnais à ma destinée. Depuis, lorsque je suis arrivé à la tête des affaires, j'ai dû me croire encore au milieu des batailles, dont les conspirations étaient les boulets ; j'ai continué mon même calcul ; je me suis abandonné à mon étoile, laissant à la police tout le soin des précautions. J'ai été peut-être le seul souverain de l'Europe qui n'avait point de gardes du corps ; on m'abordait sans avoir à traverser une salle des gardes ; quand on avait franchi l'enceinte extérieure des sentinelles, on avait la circulation de tout mon palais. C'est un grand sujet d'étonnement pour Marie-Louise de me voir si peu de défense : elle me disait souvent que son père était bien mieux gardé, qu'il avait des gens autour de lui… »

L'extension de l'Empire par la conquête contribue à réveiller en Europe un sentiment national que le cosmopolitisme des Lumières avait cru pouvoir éteindre à jamais. Le tyrannicide renaît et prend alors une nouvelle signification : il devient l'acte qui assure la libération d'un peuple asservi par un tyran étranger. C'est en Italie qu'apparaît l'idée. Des « Illuminés » autour du jacobin Bossi préparent, en 1802, un attentat dont on ne sait s'il reçoit un commencement d'exécution. Un nommé Bay, qui invoquait Brutus, est arrêté avant la commission de tout acte. Puis le danger paraît venir d'Espagne, en 1808. Le « Catéchisme civil espagnol », document civil et politique relevant de la propagande

1. Jean Tulard.

anti-française, distribué dans la péninsule ibérique, n'appelle pas seulement à l'insurrection, il préconise aussi le meurtre de Napoléon Ier. C'est suffisant pour inquiéter Fouché et Talleyrand qui, alors brouillés, se rapprochent à la fin de 1808 pour envisager les solutions au cas où un coup de poignard mettrait fin aux jours de Napoléon en Espagne. Blessée dans sa fierté, l'Allemagne se dirige vers un tyrannicide. En 1806 paraît à Nuremberg un pamphlet anonyme critiquant la politique impériale au titre significatif, « L'Allemagne et son humiliation profonde ». L'éditeur Johann Philipp Palm est découvert et fusillé. Un cri d'indignation jaillit alors, l'opinion se retournant contre Napoléon qui, jusque-là, n'avait pas suscité d'hostilité personnelle.

Napoléon échappe à toutes les tentatives d'attentat. La chance fait dès lors partie de la légende napoléonienne – en particulier lors de ses victoires militaires sur des armées ennemies supérieures en nombre –, alors qu'elle n'est pas fondée sur l'excès de confiance en la destinée mais sur une forme d'humilité où l'empereur tient compte de l'expérience d'autrui. Avoir de la chance demande un long travail préparatoire permettant de cerner précisément les besoins afin d'être ouvert aux innombrables interactions possibles.

Napoléon croit-il en la chance ? Tout le monde se remémore la question que l'empereur posait avant de promouvoir un de ses généraux : « Fort bien, mais a-t-il de la chance ? » En réalité, il ne s'agissait nullement de savoir si le futur promu était protégé par Dieu ou par la destinée. Napoléon cherchait en revanche à savoir si ses généraux seraient capables de faire face à une situation en développant des comportements et des attitudes propices à réagir, à saisir les opportunités qui se présenteraient à eux.

Avoir de la chance, cela se prépare, et ce postulat va se vérifier tout au long des exemples évoqués dans cet ouvrage.

CHAPITRE 4

La conspiration du malhonnête, de l'insoumis et de l'idiot

L'attentat contre Louis-Philippe, 29 juillet 1835

L'Histoire est définitivement la meilleure scénariste en matière de séries noires, avec ses acteurs psychologiquement instables et ses multiples rebondissements, tous plus incroyables les uns que les autres. La tentative d'attentat contre le roi Louis-Philippe du 29 juillet 1835 peut être qualifiée d'extraordinaire tant par le moyen utilisé et la personnalité des trois conjurés que par le résultat. Celui-ci fut qualifié de miraculeux par l'entourage du roi qui venait d'échapper au tir simultané de 24 canons de fusils. Fallait-il y voir l'œuvre d'un simple hasard, de la destinée, de la main de Dieu ou tout simplement de la maladresse de Fieschi, le principal conjuré ? En revanche, la rencontre des trois conjurés n'aurait jamais dû avoir lieu. Était-elle guidée par la main du destin ? Lorsqu'on se penche sur l'histoire de ces trois compères[1], on ne peut s'empêcher de penser aux personnages des grands films qui ont fait la réputation du cinéma italien comme *Le Bon, la Brute et le Truand* de Sergio Leone ou encore *Affreux, sales et méchants* d'Ettore Scola.

Joseph Fieschi naît en Corse le 3 décembre 1790. À l'âge de dix-huit ans, il s'engage dans l'armée de Napoléon et fait la campagne de Russie en qualité de sergent. Il se distingue par

1. *Les Ancêtres de la Commune, l'attentat de Fieschi*, Maxime du Camp, 1877.

son énergie et sa bonne conduite. On le charge volontiers des actions difficiles qui exigent de l'astuce et de la bravoure. Voilà pour le côté face. Le côté pile révèle un être querelleur, duelliste et d'esprit farouche. Après les Cent-Jours, il retourne en Corse et fait face à la justice qui le condamne à dix ans de réclusion pour le vol d'un bœuf. Doué d'une volonté peu commune, il comprend vite qu'une conduite exemplaire peut lui valoir les adoucissements du régime spécial des prisons. Il fait donc preuve d'intelligence et surtout de soumission.

Libéré en 1826, il vient s'installer à Paris en 1830, après la révolution de Juillet, dite des Trois Glorieuses, avec une arrière-pensée : prendre sa part des pensions et récompenses que l'on distribue un peu à l'aveuglette aux victimes du régime déchu de Charles X. Il se munit d'une série de pièces fausses qui attestent que, compromis en 1816 dans la conspiration de Didier[1], il a été persécuté par le gouvernement des Bourbons et condamné à dix ans de détention. La Commission des condamnés pour délits politiques recommande Fieschi à la bienveillance du ministre de la Guerre qui, le 18 janvier 1831, l'admet en qualité de sergent. Mais cela ne suffit pas à son ambition, il veut être nommé sous-lieutenant. Il faut étayer sa requête ? Qu'à cela ne tienne, il a de l'imagination : fils d'un capitaine qui a péri à Leipzig avec ses deux frères, ancien sergent dans l'armée du « valeureux roi Joachim[2] », il a été condamné en 1816 par la cour prévôtale du Var à dix ans de réclusion pour délits politiques. Et, craignant que ça ne suffise pas, il se plaint de son incarcération au fort Lamalgue où, chargé de chaînes pendant toute sa captivité, les mauvais traitements succédant aux mauvais traitements, il ne peut plus assurer un service aussi actif et pénible que celui de simple sergent. Il demande donc à être nommé officier. La corde est un peu trop grosse et sa requête est sans effet.

1. Jean-Paul Didier est élu député à l'assemblée constituante. À la Restauration, il entre dans une conspiration tramée à Lyon contre les Bourbons, en faveur du duc de Reichstadt. Il tente de soulever Grenoble dans la nuit du 4 au 5 mai 1816 mais son action est repoussée par le général Gabriel Donnadieu.
2. Joachim Murat, roi de Naples et maréchal d'Empire.

Mais la chance sourit parfois à ceux qui la forcent. La ville de Paris, comprenant la nécessité d'assainir la Bièvre, avait acheté quatre moulins en deçà du mur d'enceinte où il fut indispensable de nommer des gardiens. Fieschi obtient la garde du moulin de Croulebarbe où il s'établit avec sa concubine, en novembre 1831. En plus de son salaire, il reçoit des gratifications du préfet de police Baude qui l'emploie comme informateur. M. Baude écrit : « J'ai vu peu d'hommes plus adroits, plus astucieux, plus déterminés ; je n'en connais aucun d'une intrépidité pareille à la sienne ; il a une grande force de combinaison et de résolution. » Sa concubine dira de lui à son procès : « Fieschi n'a pas d'opinions, c'est un homme d'argent, et voilà tout. » Un homme d'argent peut-être mais surtout un vaniteux, et cette vanité le perd lorsque M. Baude est remplacé par M. Vivien. Le nouveau préfet de police ne consent pas à travailler directement avec un agent inférieur. Le Corse en est mortifié. Mais une fois de plus, la chance lui sourit. M. Caunes, l'ingénieur qui avait conçu les travaux de la Bièvre est atteint du choléra. Fieschi l'installe dans son propre logement, le soigne avec un dévouement parfait et réussit à le sauver. Il gagne ainsi la reconnaissance de l'ingénieur qui le nomme chef d'équipe des ouvriers chargés de la surélévation de l'aqueduc d'Arcueil. Il déploie une activité extraordinaire, conjuguée à une discipline de fer, et obtient des résultats parfaits. Malheureusement, il a des fonds à manier. Il ne peut résister à la tentation, joue la paie des ouvriers à la roulette et perd une grosse somme d'argent. S'apercevant de l'indélicatesse de son agent, M. Caunes le congédie le 9 octobre 1834.

La chance le quitte. Tout s'assombrit pour lui et il approche de l'abîme : il est rayé des cadres des sous-officiers ; les pensions et secours, accordés à la simple vue des pièces fausses qu'il avait produites, sont annulés ; il lui faut quitter le moulin dont le poste de gardien vient d'être supprimé par arrêté du préfet de la Seine. La misère, très dure, qui le touche atteint l'amour-propre de Fieschi, déjà profondément ulcéré contre la société. Et, comme un malheur n'arrive jamais seul, il apprend par un de ses compatriotes employé à la préfecture de police, qu'un mandat d'amener a été lancé contre lui en date du 24 octobre 1834, pour faux en écriture. Il change de nom et ne sort plus qu'armé « d'un couteau et d'un fléau à trois lanières garnies de balles de plomb ».

Mis à la porte de son domicile par sa concubine, il déambule dans les rues de Paris en marmonnant : « Je ferai un malheur ; je ferai quelque chose qui fera parler de moi ! »

Une fois de plus, il cache avec soin qu'il est poursuivi comme faussaire et se prétend compromis dans une « affaire politique ». Il ne peut trouver de meilleure recommandation pour un nommé Morey, bourrelier de la rue Saint-Victor, qui l'accueille comme il accueille avec empressement tout individu qui dit du mal de Louis-Philippe. Fieschi pénètre chez celui qui va le perdre : l'instrument du meurtre vient se mettre de lui-même, et par le plus grand des hasards, dans la main de celui qui saura l'employer.

Morey est un sacré énergumène. Vieillard renfrogné, gros, court, épais, âgé de soixante-deux ans, il est tout l'opposé de Fieschi dont la pétulance et l'activisme se mêlent en une fièvre perpétuelle, mais ne dit-on pas que les opposés s'attirent ? Morey a servi dix années consécutives comme ouvrier dans le train des équipages de l'artillerie. Il se prétend être un des combattants de juillet et montre avec fierté la décoration créée pour récompenser ceux qui s'intitulent pompeusement « les héros des trois jours[1] ». Mais, comme il le proclame à longueur de journée, le renversement des Bourbons ne lui suffit pas, il veut la République, une république à la Gracchus Babeuf, nivelant tout, confisquant les biens des riches et infligeant à tous une misère égalitaire. Morey espère qu'une bonne occasion se présentera pour réaliser ses rêves révolutionnaires. En attendant, il se fait la main, comme il a coutume de le répéter, en fréquentant les foires des environs de Paris où il s'exerce au tir à la carabine. Il se considère même doué, ne ratant jamais sa cible.

1. Désigne les Journées de Juillet, des 27, 28 et 29 juillet 1840, surnommées des Trois Glorieuses.

Fieschi bouillonne d'idées et pour tromper l'ennui, il réfléchit à ce que pourrait faire une garnison assiégée qui aurait des armes mais peu de défenseurs. Il imagine une machine composée de quatre-vingt-dix fusils, placés sur deux rangs et portant au centre une pièce de canon. Un seul homme la mettant en œuvre obtiendrait à lui seul la puissance de feu d'une compagnie. Il griffonne tant bien que mal cet engin redoutable et le montre à son hôte en disant :

— Eh ! Père Morey, c'est cela qu'il vous aurait fallu en 1830, pour vos barricades !

Le vieux regarde le papier avec des éclairs de colère dans les yeux.

— Ce serait encore mieux contre cette canaille de Louis-Philippe !

Il raconte à son nouvel ami les rêves effroyables qui le tourmentent nuit après nuit. Il regrette de ne pas avoir assez d'argent pour acheter la maison voisine de la Chambre des députés. Il y creuserait un souterrain jusque sous l'hémicycle, remplirait la cavité de poudre et ferait tout sauter lorsque le roi y serait avec ses ministres. L'idée faisant son chemin, Morey s'accapare l'idée de Fieschi et affirme qu'il se fait fort de trouver les fonds nécessaires à la réalisation de la mitrailleuse artisanale. Il contacte un dénommé Pépin, membre, comme Morey, de la Société des droits de l'homme, une association républicaine importante à tendance jacobine. Pépin, épicier de son état, propriétaire d'un moulin à Lagny, ancien capitaine de la garde nationale est un bourgeois envieux, vaniteux, timide, mourant de peur de se compromettre mais ne pouvant résister au désir de jouer un rôle de conspirateur, avare tout en faisant ostentation de son argent, assez rusé pour essayer de détourner les soupçons mais trop niais pour ne pas tomber dans un piège. Pour couronner le tout, sa haute taille, sa peau brune, ses favoris taillés en côtelettes, son toupet arrondi avec soin lui donnent l'apparence d'un mouton mérinos. Il n'est ni royaliste, ni républicain, il est tout simplement bête et méchant, ce qui suffit à le rendre dangereux.

Morey va trouver ce personnage et lui montre le dessin de Fieschi. Pépin le regarde attentivement, le retourne dans tous les sens et n'y comprend rien. Il demande cependant à voir « l'homme ». En rencontrant Fieschi, Pépin l'encourage et le prie de construire une maquette en bois, car le dessin ne lui a pas paru explicite.

Fieschi se rend chez un menuisier, lui emprunte le bois et les outils nécessaires à la construction du modèle réduit. Il le modifie en réduisant le nombre de fusils à vingt-cinq et supprime la pièce de canon centrale. La maquette terminée, le Corse l'amène chez Pépin qui l'examine attentivement, la comprend et la garde. Il prendra toutefois le soin, après le départ de son comparse, de la jeter au feu pour faire disparaître toute pièce à conviction. Les trois acolytes se réunissent pour prendre une résolution définitive et savoir si on peut donner suite au projet qui coûterait environ cinq cents francs selon les estimations de Fieschi.

En résumé, par le genre de clin d'œil dont il est capable, le destin vient de réunir trois conjurés : Fieschi le malhonnête invente la machine infernale, par désœuvrement plus que dans un but déterminé ; Morey l'insoumis monomaniaque conçoit l'idée du crime ; Pépin l'idiot bête et méchant fournit les moyens de l'exécuter.

Pépin, grisé par sa folle vanité, veut conquérir Fieschi à sa cause et pour lui prouver avec quels importants personnages il est en relation, organise un dîner. Sont invités le président du tribunal d'Ancenis, un épicier du voisinage, un avocat et un médecin, condamné politique. Pendant le repas, Pépin parle politique et essaie d'entraîner ses convives à exprimer des opinions, en particulier sur les conséquences de la mort violente de Louis-Philippe. Les convives, prudents, n'entrent pas dans le jeu et ne répondent guère que par des banalités.[1]

1. Selon les déclarations recueillies lors du procès, du président Levaillant, de l'épicier Fauveau, de l'avocat Lorélut et du docteur Recrut.

Puis le grand jour arrive enfin. Une revue de la garde nationale doit avoir lieu sur le boulevard du Temple le 1er mai, jour de la Saint-Philippe. Fieschi que Pépin surnomme « le nouveau Brutus » est chargé de trouver un appartement. Le cahier des charges est clair : pas trop éloigné des faubourgs Saint-Denis, Saint-Martin, Saint-Antoine et du Temple afin que ces quartiers populeux, immédiatement avertis, puissent se soulever sans délai. Pépin le vaniteux ne revendique-t-il pas plus de trois mille sympathisants !

Après quelques recherches, Fieschi avise au 50, boulevard du Temple, une maison borgne qui réunit toutes les conditions désirables pour commettre le crime et favoriser la fuite du meurtrier : une masure bordée de cafés, ouverte sur une cour intérieure où l'on pourrait se noyer au milieu des habitués des estaminets voisins et des spectateurs des nombreux théâtres situés à proximité. En face, nulle maison, de sorte que l'on n'a rien à redouter de la curiosité de vis-à-vis. Par un tel choix, Fieschi fait preuve de la sagacité et l'astuce qui lui ont valu la confiance de ses supérieurs lorsqu'il était dans l'armée. Pour détourner les soupçons et n'être pas expulsé comme locataire insolvable, il va jusqu'à meubler l'appartement, et la liste détaillée des fournitures a d'ailleurs été retrouvée et produite au procès des accusés.

Il faut maintenant s'atteler à la construction de la machine. Le bois acheté, Fieschi transporte toutes les pièces, une à une, jusqu'à son domicile et sollicite un menuisier pour lui confectionner le châssis. Afin d'éviter toute question dérangeante, le comploteur anticipe la réaction du menuisier et lui fait part de sa volonté d'installer un « métier à filer du coton ». Enfin, il demande à Pépin de lui fournir les vingt-cinq fusils nécessaires. Celui-ci en fait son affaire.

Pépin voulant se procurer des fusils sans bourse délier visite Godefroy Cavaignac, un journaliste républicain accusé d'avoir tenté une insurrection en 1831 et détenu à la prison Sainte-Pélagie. Cavaignac, à qui Pépin avait prêté de l'argent, laisse entendre qu'il dispose des armes mais l'affaire fait long feu.

Fieschi s'adresse alors à un armurier et commande de simples canons de fusils. L'armurier se tourne vers un marchand de ferrailles qui achète des canons de fusils réformés par les arsenaux de l'État, les redresse et les revend.

Entre-temps, la revue du 1er mai sur les boulevards est annulée.

Morey, vieux fanatique velléitaire, craignant un manque d'entrain chez son complice, ne le lâche plus d'une semelle et l'encourage constamment à tenir bon dans sa résolution. La revue sur les boulevards est enfin annoncée pour le 28 juillet, cinquième anniversaire de la révolution de 1830 qui remplaça la dynastie des Bourbons par celle des Orléans.

Un rendez-vous est fixé au 24 juillet. Les trois conspirateurs, venus isolément, se retrouvent à cinq heures du soir sur les quais de Seine. Il s'agit de mettre au point les derniers préparatifs. On décide d'acheter les canons de fusil du ferrailleur ; on convient que Pépin passera, à cheval, le 27 juillet à six heures, boulevard du Temple afin que Fieschi puisse pointer sa mitrailleuse à hauteur de poitrine du cavalier.

Le 25 juillet, Fieschi, accompagné de Morey, va chercher les vingt-cinq canons qu'ils livrent boulevard du Temple. Le Corse vérifie les fûts un à un et constate que l'un d'entre eux est obstrué. La machine infernale ne sera composée que de vingt-quatre pièces.

Le 27 juillet, toutes les différentes parties qui doivent composer l'engin explosif sont préparées. Le châssis bien calé, solide sur ses quatre gros pieds, fait face à la fenêtre, dissimulé derrière une jalousie baissée mais dont les lames légèrement soulevées, permettent de voir ce qui se passe sur le boulevard.

La nuit venue, Morey, cachant son visage sous un mouchoir, se glisse dans le logement où l'attend Fieschi. Dès que le bourrelier est entré, ils ferment la porte et se mettent à l'œuvre. Les canons de fusils sont rangés contre le mur de la chambre, Fieschi les prend un à un et les passe à son complice qui les charge à l'aide d'une baguette en fer et d'un maillet pour bien bourrer la poudre. Une fois l'opération terminée, Fieschi ajuste les canons sur la machine, enfonçant bien les culasses dans les entailles de l'ossature en bois. Lorsque les vingt-quatre canons sont chargés, il les bloque par une longue bande de fer coudée à chaque extrémité qui s'appuie sur les culasses et se visse aux montants.

Mais, comme le mieux est toujours l'ennemi du bien, Morey a pris une précaution supplémentaire sans en référer à Fieschi, et pour cause. Il a bourré très fortement de poudre quelques-uns des canons, en laissant un intervalle appréciable entre la poudre et les projectiles. Il n'ignorait pas qu'un fusil ainsi chargé éclate infailliblement. Il voulait faire d'une pierre deux coups : tuer le roi et se débarrasser de son assassin pour éviter que l'on remonte jusqu'à lui. Avant de quitter Fieschi, Morey lui fait une dernière recommandation en lui tendant un pistolet :

— Tiens-le dans ta poche et n'oublie pas de te brûler la cervelle plutôt que de te laisser arrêter.

On n'est jamais trop prudent…

Le lendemain matin, Fieschi vient se positionner dans l'appartement, en embuscade. L'attente commence. En début d'après-midi, un roulement de tambours le tire de sa torpeur. Par l'angle de sa fenêtre, derrière la jalousie soulevée, il aperçoit à sa droite le cortège qui s'avance au milieu des acclamations de la foule massée sur le boulevard. Le roi passe devant lui. L'assassin hésite et tremble devant la gravité de l'acte qu'il va commettre mais se reprend. Maintenant, le roi, à cheval, passe en revue les troupes de la Garde nationale et se trouve en face de la mitrailleuse. Le conjuré se baisse rapidement vers la cheminée, prend un long tison et met le feu à la traînée de poudre, au niveau du treizième canon, soit au milieu du dispositif. L'effet est formidable : les sept canons survitaminés par Morey éclatent et blessent l'assassin. Il est renversé, le sang l'aveugle. Il se relève et obéit au projet de fuite qu'il avait préparé. Il se baisse, ramasse la corde, la lance par la fenêtre de la cuisine et descend dans la cour. Au même instant, un agent du service de sécurité, un dénommé Villers qui, au fracas de la détonation s'est lancé en direction de la maison d'où semblait provenir l'explosion, servi par son instinct, se précipite dans la cour au lieu de s'engouffrer dans l'escalier comme tous ses collègues. Il lève la tête et aperçoit Fieschi qui s'enfuit. Il poursuit le fuyard blessé et l'interpelle alors qu'il va sortir de la cour intérieure.

Dans un premier temps, le coupable essaie de mentir. Sachant que l'attentat a échoué et comprenant l'énormité de son forfait et ses conséquences, il déclare avoir modifié la direction de sa machine au dernier moment, de façon à épargner la vie du souverain et de ses fils.

L'entourage du monarque explique, quant à lui, que le salut du roi est miraculeux. La Divine Providence lui a sauvé la vie.

En fait, que s'est-il passé ? L'échec de l'assassinat de Louis-Philippe n'est dû qu'à la maladresse du meurtrier. Fieschi a enflammé son dispositif trop tardivement. Il a attendu que le roi soit bien aligné au milieu de sa machine pour allumer la traînée de poudre. Le temps de l'inflammation, celui que met le projectile à franchir sa trajectoire et ce fut le cortège, marchant cinq ou six pas derrière Louis-Philippe qui reçut la masse compacte des projectiles. Les chasseurs savent bien qu'il faut toujours viser en avant, lorsque le gibier se présente par le travers. Fieschi n'était pas chasseur mais, en tant qu'ancien militaire, il connaissait le maniement des armes. C'est assez curieux que, sergent de la Grande Armée, vétéran de la campagne de Russie, il n'ait pas pris en compte ce que tout conscrit apprend au moment de son instruction. Ou alors, c'était un acte manqué, Fieschi renonçant inconsciemment à tuer le roi. Pourtant il a mis à feu le dispositif.

La tentative d'attentat qui fit dix-huit morts et vingt-deux blessés fut l'occasion pour le pouvoir de se débarrasser des excès de la presse, même si les journaux républicains n'exercèrent aucune influence sur le conjuré. La chambre des Députés vota ainsi en 1893-1894 trois lois sur la presse sous le nom de Lois scélérates, la première permettait de réprimer « tout dessin, toute lithographie, toute gravure injurieuse pour le roi, les chambres ou le gouvernement en l'assimilant à un attentat contre la sûreté de l'État ».

Fieschi, Pépin et Morey furent exécutés le 19 février 1836. Fieschi se comporta « en infâme[1] ». Après avoir comploté dans une action qu'il ne comprenait pas, il dénonça ses complices. Pépin fut égal à lui-même : il avait conscience de l'œuvre qu'il méditait mais fut lâche pendant les débats. Quant à Morey, il fut tout simplement « sublime d'un bout à l'autre du drame ». Ce vieux prolétaire, concevant l'idée du régicide, « soutenant les débats avec une imperturbable impassibilité entendit son arrêt de mort sans rien dire »[2].

1. Maxime du Camp, *Les Ancêtres de la Commune.*
2. Maxime du Camp, id.

CHAPITRE 5

Le crime de l'opéra

L'attentat contre Napoléon III le 14 janvier 1858.

Il fait froid ce soir du 14 janvier 1858. La façade du grand Opéra au 12 de la rue Le Peletier[1] est brillamment illuminée. La haute société parisienne, dans un flot de toilettes, de crinolines et d'uniformes, se presse dans une salle comble, ornée de drapeaux et d'aigles impériaux. En entrant dans la salle, on aperçoit tout de suite les tentures de velours rouge semées d'abeilles qui tapissent la loge impériale comme un écrin. Dehors, une foule immense de badauds emmitouflés s'agglutine depuis six heures et demie pour apercevoir l'empereur et l'impératrice qui ont annoncé leur intention d'assister à la représentation de *Marie Tudor* en trois actes, interprétée par Adélaïde Ristori. Le boulevard des Italiens, la rue Le Peletier, la rue Rossini resplendissent d'illuminations au gaz où les aigles et les « N » couronnés se mêlent à de longues guirlandes étincelantes. La foule s'anime en voyant arriver le duc de Saxe-Cobourg-et-Gotha, alors en visite officielle à la cour.

À huit heures et demie, un bruit sonore de sabots de chevaux retentit sur le pavé. Des habits blancs, des flammes de lances apparaissent dans la clarté des réverbères. Le peloton d'escorte des lanciers de la garde impériale descend au petit trot

1. L'opéra Le Peletier fut détruit par un incendie dans la nuit du 28 au 29 octobre 1873. Il fut remplacé en 1875 par l'opéra Garnier.

les boulevards pour s'engager dans la rue Le Peletier. Ils encadrent trois voitures, aux armes de l'empereur. Les deux premières occupées par les chambellans et les officiers de la maison de l'empereur se sont enfoncées dans le passage voûté conduisant au pavillon spécial, affecté au nouvel escalier construit en l'honneur et pour l'usage du souverain. La calèche dans laquelle se trouvent Napoléon III, l'impératrice Eugénie et le général Roguet ralentit le pas pour s'engager à son tour dans le passage réservé, quand une explosion se fait entendre, semblable à un coup de tonnerre. Des gerbes de feu éclatent sur le pavé, en répandant partout des projectiles meurtriers. Le cocher enlève les chevaux mais celui de droite se cabre et tombe mort. La voiture entraînée par le cheval de gauche, est projetée contre le mur de l'Opéra et son timon se brise. Une deuxième puis une troisième explosion déchirent l'air à dix secondes d'intervalle. Les vitres des maisons voisines volent en éclats. Les becs de gaz qui éclairent la façade de l'Opéra s'éteignent. Dans la nuit se font entendre le fracas des vitres brisées, les piaffements des chevaux affolés, les cris déchirants des blessés, des agonisants dont le sang inonde la chaussée

Les chevaux de l'escorte bondissent au hasard autour de la voiture en piétinant des blessés et des cadavres. Mêlés à la population pressée sur les trottoirs, les meurtriers ont lancé successivement trois bombes qui ont causé ces ravages. Le sang ruisselle sur le pavé. Les affiches sur les murs en sont éclaboussées. Au milieu des morts et des mourants, les serviteurs affolés s'assurent avec des yeux hagards de l'état du souverain. La deuxième bombe a explosé sous les pas de la calèche impériale qui est venue s'échouer sur le trottoir, à demi couchée sur le flanc. Des deux chevaux composant l'attelage, l'un a la moitié de la tête emportée et est mort sur le coup, l'autre est grièvement blessé. Si les panneaux de la berline impériale n'avaient pas été recouverts de plaques de fer, ils n'auraient pu résister aux 76 projectiles dont ils sont criblés.

À la première explosion, l'empereur tente de descendre de voiture par la portière de droite pour se mettre à l'abri derrière le péristyle de l'Opéra. Ne pouvant parvenir à ouvrir la portière, il attend, immobile, la fin de ce carnage, comme frappé de stupeur. À peine la dernière détonation s'est-elle fait entendre qu'un homme, les traits bouleversés, le visage mutilé, plonge sa tête dans la voiture en tachant du sang de sa blessure la robe de l'impératrice. Le couple impérial croit sa dernière heure arrivée et que l'un des auteurs de l'attentat vient s'assurer de son forfait. Mais la voix rassure aussitôt leurs majestés qui reconnaissent le fidèle Alessandri, un Corse chargé de la sécurité personnelle de l'Empereur, se précipitant pour les évacuer. L'impératrice n'a pas la moindre égratignure. Quant à l'empereur, son chapeau a été troué par un projectile et il a au nez une légère égratignure. Il doit la vie sauve à un concours de circonstances : « Au moment où la voiture entrait dans la rue Le Peletier, Sa Majesté causait avec le général Roguet. L'empereur qui ne pouvait entendre que difficilement la réponse du général, à cause des acclamations qui retentissaient de toutes parts, se pencha vers l'officier en baissant la tête. C'est à ce moment que l'explosion se fit entendre et que les projectiles, pénétrant dans la voiture, l'un d'eux blessa le général à la tête, tandis qu'un autre frappait le chapeau de l'empereur[1]. »

Un agent en civil se précipite à la portière de la voiture pour évacuer ses passagers. « Vous avez oublié de baisser le marchepied », lui réplique glacial Napoléon. Alors, l'empereur et l'impératrice quittent la voiture et, suivis par le général Roguet, s'avancent à pas lents vers la porte de l'Opéra. Napoléon III, complètement maître de lui-même et de ses émotions, scrute le carnage et s'occupe de faire porter les blessés dans la pharmacie voisine.

Les constatations judiciaires établiront que 156 personnes ont été atteintes, et le nombre des blessures constatées par l'expertise médicale s'élèvera à 511.

En attendant, l'empereur veut absolument se rendre dans l'officine, au chevet des blessés. Son entourage réussit à le

1. *Attentats et complots contre Napoléon III*, 1870

dissuader en arguant du fait que le public, ne le voyant pas entrer à l'Opéra, supposera que l'empereur est blessé voire tué. Après un silence, Napoléon III acquiesce tout en précisant son intention de revenir prendre des nouvelles des victimes. L'impératrice s'apercevant que sa toilette blanche est éclaboussée de sang ne peut réprimer un cri d'effroi. « Du calme, lui dit son mari, on vous regarde. Voulez-vous venir ? » Et, lui offrant son bras, il lui fait gravir l'escalier qui conduit à la loge impériale.

Lorsque Napoléon III, la figure grave, et Eugénie, souriante, apparaissent dans leur loge, ils sont applaudis comme de coutume, les spectateurs ayant cru à une explosion accidentelle. Mais lorsque le ministre de l'Intérieur Billault et le préfet de police Pietri arrivent dans la loge impériale, l'empereur accueille froidement le ministre en lui demandant s'il a bien dîné et lance à Pietri : « Votre police se fait joliment bien. »

Pourtant, toutes les informations s'accordaient avec les renseignements transmis par la police londonienne. Le commissaire Lagrange, chef de la division politique de la préfecture de police, avait été avisé du départ de Londres d'Orsini et de trois autres mazzinistes. Mais ni le ministre de l'Intérieur, M. Billault, ni le préfet de police, M. Pietri, n'avaient donné d'ordres pour prévenir les conséquences de cette évolution des conjurés socialistes. Ou bien on estimait le danger peu sérieux ou une influence occulte protégeait jusqu'aux ennemis de l'empereur.

Mais revenons à l'instant où le brigadier Alessandri se tient près de la voiture impériale. Après s'être assuré que l'empereur est sauf, il écarte l'attroupement qui encombre la voie publique et aperçoit un individu à l'allure suspecte qui essaie de se fondre dans la foule. Il s'élance sur lui et l'arrête. L'homme est armé d'un revolver. On peut lire dans le *Moniteur* du 15 janvier : « L'attentat dont tout Paris frémit encore et qui soulèvera le monde entier, semble être le résultat d'un vaste complot tramé à l'étranger. En effet, le gouvernement recevait de Jersey dès le mois de juin dernier, les renseignements suivants : le complot consiste dans la fabrication de grenades fulminantes. Elles sont d'une puissance inconnue jusqu'à présent et sont destinées à être jetées sous la voiture de sa majesté impériale, où leur simple choc contre le pavé déterminera leur explosion et la destruction de la voiture. »

Quelques jours auparavant, le 9 janvier, un nouveau manifeste de Mazzini paru dans le journal de Gênes *Italia del popolo* mettait le gouvernement en émoi : « Un nommé Pieri, originaire de Florence, ancien chef dans la légion italienne, vient de quitter l'Angleterre dans le but de mettre à exécution un complot armé contre la vie de l'empereur. Cet Italien est un homme de 40 à 45 ans, petit, maigre, brun, au teint maladif, parlant assez mal le français et avec un accent italien prononcé ; il parle très bien l'anglais. C'est un individu violent, méchant, très déterminé et qui a fui son pays à la suite de meurtres. »

Un rapport de police signale que « Pieri s'est dirigé sur Paris en passant par Lille, accompagné d'un homme âgé qu'il a pris à Bruxelles, et portant avec lui une machine en fonte creuse, faite d'après le système Jacquin ». Ce même Pieri, dont le signalement est entre les mains des agents de l'autorité, est arrêté quelques minutes avant l'attentat par un officier de paix qui mentionne qu'il est porteur d'une grenade fulminante, d'un revolver et d'un poignard. « Malheureusement, précise le rapport de police, ses complices étaient déjà à l'œuvre et il n'a pas été possible de prévenir leurs coupables desseins. »

Chaque déclaration était le signal de nouveaux attentats. De plus, d'autres rapports de police venus de l'étranger, parlaient de machines infernales et d'émissaires partis de Londres pour Paris. M. Claude, le directeur de la Sûreté, n'eut d'autre alternative que de mettre Alessandri au parfum. Ce dernier lui fit comprendre qu'il allait mettre en alerte les Corses chargés de la protection rapprochée du souverain. Si toutes les précautions ne furent pas prises par le gouvernement, les Corses veillaient.

En revanche l'enquête diligentée immédiatement va très vite permettre d'arrêter les auteurs de la tentative d'assassinat. Dès les premiers instants, les recherches les plus actives ordonnées dans les maisons situées rue Le Peletier, en face du théâtre, permettent d'arrêter un nommé Swiney, se déclarant domestique au service d'un Anglais, un dénommé Allsop, résidant au 10, rue Monthabor. À une heure du matin, un commissaire de police se présente à l'hôtel de France et de Champagne au 132, rue Montmartre où Pieri avait déclaré qu'il demeurait avec un autre individu. Le nommé Da Silva est arrêté et on découvre un passeport au nom de Pierey, passeport initialement établit au nom de Piéri qui avait été altéré et transformé en Pierey. Au même moment, le dénommé Allsop est interpellé rue Monthabor. Il est blessé à la tête et saigne abondamment. Très rapidement Allsop reconnaît être Felice Orsini. En quelques heures seulement, la police a opéré l'arrestation de quatre individus convaincus d'être les auteurs de l'attentat qui vient d'épouvanter Paris. Quant à Swiney, il reconnaît s'appeler Gomez, âgé de 29 ans, né à Naples et Da Silva s'appelle en fait, Charles de Rudio, 25 ans, né dans les États vénitiens.

L'acte d'accusation apportera de nouvelles précisions : « Une autre bombe fulminante, exactement semblable à celle saisie sur Pieri, a été ramassée après l'attentat, par le nommé Villaume, à l'angle des rues Le Peletier et Rossini, dans le ruisseau près du trottoir, à côté d'une traînée de sang d'environ deux mètres de longueur. Quelques instants plus tard, le sieur Quinette, brigadier de sergents de ville, trouvait un peu plus loin, dans la rue Rossini, presque au coin de la rue Lafitte, un pistolet revolver à six coups, chargé et amorcé, dont la sous-garde portait une tache de sang. Ces deux pièces à conviction… ont été… renvoyées le soir même à la préfecture de police. »

Des experts seront chargés d'expertiser les bombes, porteuses chacune de 200 grammes d'explosif. D'après les meurtriers, les deux bombes lancées contre Napoléon étaient plus grosses que les autres.

Mais revenons à l'empereur. Deux heures après la tentative d'attentat, le couple impérial se retrouve aux Tuileries, dans le salon de l'impératrice. Ambassadeurs, ministres et dignitaires accourent et font part de leur soutien. L'empereur se tait, il imagine le pire. Une peur rétrospective le gagne : s'il avait été tué ou gravement blessé, le désordre éclaterait à Paris, son trône serait renversé. Sa femme et son fils pourraient être traités comme jadis Marie-Antoinette et l'éphémère Louis XVII. Le régime repose sur sa seule tête et sa vie dépend d'un hasard. Cet attentat n'est pas le premier. Les groupes révolutionnaires ne désarmeront pas. Il faut les briser. L'impératrice, assise sur un sofa, adresse de cinglants reproches au préfet de police Piétri.

Napoléon III prend sa décision : il va nommer le farouche Espinasse au ministère de l'Intérieur. Les mesures de sûreté seront confiées au commandement militaire. La France est de nouveau en état de siège. Il fait signe à son chef de cabinet, Mocquard, de s'approcher de lui.

— Qu'on aille me chercher le dossier de la machine infernale de 1800. C'est du même ordre. Et la même répression s'impose. Faites demander le général Espinasse.

L'empire autoritaire venait de naître, même si dès le lendemain de l'explosion l'empereur apprit qu'elle ne devait pas être imputée aux organisations républicaines. L'attentat qui avait failli l'abattre n'était pas français. Son instigateur, comme son auteur principal, était un Italien, Felice Orsini. Orsini était un idéaliste qui conspirait depuis l'enfance pour la libération de son pays. Il voulait assassiner Napoléon qui avait œuvré pour l'indépendance de l'Italie puis qui l'avait déçu. Napoléon III voulait libérer l'Italie du Nord mais ne voulait pas se brouiller avec le pape. Il avait besoin du clergé en France et, il faut bien l'avouer, redoutait des orages conjugaux avec la dévote impératrice. Le pape n'était-il pas le parrain du prince impérial ? De plus, la guerre de Crimée venait seulement de finir ; elle avait failli mal tourner et avait coûté cher à la France. L'empereur ne pouvait se permettre une expédition italienne et devenait, par voie de conséquence, un obstacle pour Orsini. En l'assassinant, la République renaîtrait en France et elle favoriserait la République au-delà des Alpes. Ses acolytes et lui furent arrêtés quelques heures après le massacre.

Devant la cour d'assises, l'attitude d'Orsini, désintéressée et brave, retourna l'opinion en sa faveur. Bel homme, les femmes pleurèrent à la lyrique plaidoirie de son défenseur, Jules Favre. L'indépendantiste italien écrivit une lettre à Napoléon où il adjurait l'empereur de rendre la liberté à l'Italie. Napoléon fut ému. Eugénie, qu'une attitude si noble exaltait, supplia son mari de faire grâce aux trois condamnés. Elle voulait même se rendre à la prison d'Orsini pour le réconcilier avec la religion. Napoléon le lui interdit. Puis l'empereur fut tenté par un geste de grâce mais ses ministres s'y opposèrent, ainsi que les membres de son conseil privé, y compris l'archevêque de Paris. Justice devait être faite : Orsini devait mourir. Mais de son sacrifice allait naître la nouvelle Italie. Napoléon s'y engagea et démentit Disraeli : une tentative d'assassinat ne changea peut-être pas la face du monde, mais elle changea l'histoire de l'Italie.

CHAPITRE 6

Le tyrannicide indigné

L'attentat contre Abraham Lincoln, 14 avril 1865

En novembre 1860, Abraham Lincoln, candidat républicain, est élu pour son premier mandat de président des États-Unis d'Amérique. Les États du Sud le vivent comme une véritable déclaration de guerre et entament aussitôt un processus de sécession de l'Union pour former les États confédérés d'Amérique (CSA). Une guerre meurtrière, connue aux États-Unis sous le nom de Guerre civile, débute le 12 avril 1861 et s'achève le 9 avril 1865. Ce conflit extrêmement meurtrier fait plus de 600 000 victimes parmi les militaires[1], soit plus de soldats américains tués que lors de chacun des conflits du XXe siècle (Première Guerre mondiale, Seconde Guerre mondiale et Guerre du Vietnam). On estime que les guerres sont souvent suivies d'éruption de violences intérieures, parce que la démobilisation des armées lâche dans la société des anciens combattants devenus indifférents à la valeur de la vie, tout en sachant comment l'ôter. John Wilkes Booth n'entre pas dans ce schéma, même s'il soutient la Confédération depuis le début de la guerre. En effet, la famille de Booth, originaire du Maryland, est divisée comme l'est la population de cet État. Le Maryland est un État charnière entre le Nord et le Sud, qui demeure dans l'Union, en dépit d'une partie importante de la

1. On estime le nombre de victimes, civiles et militaires, à plus de 800 000 morts.

population favorable à l'armée confédérée. C'est le cas de Booth qui promet toutefois à sa mère de ne pas s'engager dans l'armée sudiste afin de préserver l'harmonie dans leur famille. Booth poursuit donc sa carrière d'acteur à succès. Vaniteux, égocentrique, plaisant aux femmes, « il fait partie des acteurs les mieux payés et les plus acclamés de son temps, encensé par les critiques de New York à Boston, Philadelphie et d'autres villes du Nord jusqu'en 1864 »[1]. Par conséquent, Booth n'est pas l'acteur raté ayant besoin de reconnaissance, tel qu'il a parfois été présenté dans le passé, et qui veut se faire connaître par un acte symbolique.

L'attachement de l'acteur à la Confédération est sincère et son hostilité à l'Union ne fait que croître, en particulier après Gettysburg, lorsque les armées de Grant et Sherman soumettent le Sud épuisé à des exactions implacables. En même temps, sa haine envers Lincoln atteint son paroxysme. Entre-temps, il se rend à Montréal en 1864 et rencontre des représentants de la Confédération. Il conçoit, avec le concours d'agents sudistes, un projet pour contrecarrer les victoires de l'Union.

Abraham Lincoln est réélu sixième président des États-Unis d'Amérique pour un second mandat en 1864. La cérémonie d'investiture a lieu quelques mois plus tard, le 4 mars 1865. John Wilkes Booth, âgé alors de 26 ans, y assiste, invité par la fille d'un sénateur à laquelle il est secrètement fiancé. « Quelle magnifique occasion c'était, confiera-t-il, si j'avais voulu tuer le président lors de son investiture ! »

Mais dans un premier temps, il n'est pas envisagé d'assassiner le président. Le projet de Booth est d'enlever Lincoln et de le conduire derrière les lignes sudistes avant de l'échanger contre des dizaines de milliers de prisonniers sudistes. Est-ce irréaliste ? Non, car Washington ne jouit pas de mesures de sécurité particulières et, ne l'oublions pas, les présidents américains de cette époque ne bénéficient d'aucune protection permanente. Aux yeux du Congrès, une garde présidentielle aurait des relents

1. Franklin L. Ford, *Le Meurtre politique, du tyrranicide au terrorisme.*

monarchiques. Le sénateur Mallory soutient : « Il est opposé à nos traditions, à nos habitudes de pensée et à nos coutumes que le président s'entoure d'un corps de janissaires ou d'un genre de garde prétorienne et n'aille nulle part sans être accompagné de ces hommes en uniformes et en sabres à l'instar des monarques du continent européen. »[1]

Booth recrute cinq hommes de confiance parmi ses connaissances : l'un est un espion sudiste expérimenté du nom de John Surratt, deux autres sont des soldats confédérés démobilisés et les deux derniers sont des civils opposés à l'Union qui se déclarent prêts à donner un coup de main.

Un soir de mars 1865, la bande passe à l'action et intercepte une voiture qui, pensait-elle, conduit le président au spectacle à la Soldiers' Home, à proximité de Washington. Mais le renseignement est mauvais – Lincoln avait décidé au dernier moment de ne pas y assister –, la préparation comme les repérages inexistants, tant et si bien que les six conjurés ne se retrouvent pas face au président mais au secrétaire au Trésor, Salmon P. Chase. Surpris et dépités, les six comploteurs se retirent.

Booth doit remotiver ses camarades, désespérés par l'échec de la tentative d'enlèvement associée à la reddition du général Robert Lee, le 9 avril. L'idée d'assassiner Lincoln fait son chemin dans son esprit depuis que le président s'est déclaré favorable à l'idée d'accorder le droit de vote aux noirs, dans un discours prononcé devant la Maison-Blanche un mois après son investiture. Il franchit le Rubicon : « Maintenant, par Dieu ! écrit-il dans sa confession, je vais le liquider. C'est le dernier discours qu'il fera. Notre cause étant presque perdue, quelque chose de grand et de décisif doit être entrepris. » Booth est décidé à frapper fort. Le seul moyen de saper le moral du gouvernement fédéral et d'imposer une paix négociée est d'assassiner les principaux chefs de l'Union : le président Lincoln, le vice-président Johnson et le secrétaire d'État Seward.

1. *The Secret Service: the Hidden History of an Enigmatic Agency*, par Philip Melanson.

Les missions sont réparties à la suite d'un événement fortuit : en se rendant au théâtre Ford dans l'après-midi du 14 avril, pour régler des formalités administratives, Booth apprend que le soir même, Lincoln et Grant doivent assister avec leurs épouses à une représentation de *Notre cousin d'Amérique*. Le conspirateur connaît très bien les lieux pour y avoir joué de nombreuses fois en tant qu'acteur. L'attentat doit avoir lieu ce jour-là. L'ancien combattant George Atzerodt se voit confier le meurtre d'Andrew Johnson ; l'ancien soldat confédéré Lewis Payne est chargé d'abattre Seward, cloué au lit à son domicile depuis un accident de voiture quelques jours auparavant. Payne charge un dénommé David Herold de l'assister dans cette mission et de faire le guet à l'extérieur de la maison.

Le projet est sur le point de capoter. Les planètes ne s'alignent pas, c'est le moins que l'on puisse dire. Atzerodt prend peur, bien qu'il ait essayé de trouver du courage dans l'alcool, et renonce à agresser le vice-président. Payne pénètre dans la maison et rencontre le fils Seward, Frederick. Il tire avec son revolver mais le coup ne part pas. Il frappe Frederick avec la crosse de son arme et se précipite dans la chambre du secrétaire d'État, le poignarde et s'enfuit. Les blessures de Seward sont impressionnantes mais aucune partie vitale n'est touchée et le secrétaire d'État en réchappe

La réussite du complot ne repose plus que sur les épaules de Booth. Il ne sait pas, au moment où il arrive au théâtre, que Grant et son épouse ont décliné l'invitation. La balance du destin ne penche décidément pas en sa faveur. Lorsque la représentation commence, la loge présidentielle est désespérément vide. Les époux Lincoln arrivent en retard, le président ayant été retenu à son bureau par des affaires urgentes, en particulier la grâce d'un espion nordiste ayant travaillé pour le Sud. Enfin, peu après neuf heures, le président et la première dame, accompagnés par le major Henry Rathbone et sa fiancée, prennent place dans la loge présidentielle sous les applaudissements des spectateurs.

La loge présidentielle est censée être surveillée, dans de telles circonstances, par un garde du corps, détaché de la police de Washington et affecté à la sécurité du président. En général, il se situe dans les coulisses devant la porte d'accès de la loge. Arrêtons-nous sur le cas de ce policier, John F. Parker, qui est de service ce soir-là. Il était charpentier puis machiniste avant de servir dans l'armée au début de la guerre de Sécession et d'intégrer la police de Washington. Ses états de service sont lamentables. Il a été sanctionné de nombreuses fois, dont une alors qu'il séjournait dans une maison de prostitution. Il avait déclaré à sa hiérarchie qu'il protégeait l'établissement.

Comment a-t-il pu être affecté à la sécurité du premier personnage de l'État ?

Selon les sources de la Maison-Blanche[1], un ordre a été adressé le 3 avril, à la police de Washington, à la requête de Madame Lincoln, afin de détacher John F. Parker à la sécurité présidentielle. Une fois de plus on ne peut s'empêcher de penser au hasard, cet aléatoire absolu cher aux matérialistes du XIXe siècle, cette rencontre entre des faits indépendants les uns des autres, auxquels on ne peut associer de loi ni de raison. Indirectement, et sans tomber dans l'histoire des possibles, l'action de Madame Lincoln va entraîner la mort de son mari.

À l'entracte, Parker quitte son poste et part boire un verre avec le cocher de la berline d'Abraham Lincoln. Il ne reviendra pas. Il n'y a plus aucun obstacle entre le président et son assassin quand celui-ci va se présenter devant la porte de la loge, armé d'un revolver. Booth connaît bien la pièce qui se joue. Il attend la réplique de l'acteur principal qui déclenche toujours l'hilarité du public, dont le brouhaha devrait couvrir la détonation. Le moment venu, il se précipite, pointe son arme sur la tête du président et tire sans hésiter une seule seconde. Abraham Lincoln s'effondre sur son siège alors que l'assassin enjambe la balustrade de la loge pour s'enfuir par la scène. Rathbone essaie de l'en

1. Mrlincolnwhitehouse.org

empêcher, mais en vain. Booth se débat et fait une mauvaise chute au cours de laquelle il se fracture le péroné. Quelques spectateurs tentent de l'arrêter, mais l'assassin parvient à s'enfuir en s'écriant « *Sic semper tyrannis !* »[1] Ce n'est pas une simple devise latine, c'est aussi celle de la Virginie, dont la ville principale Richmond était la capitale des États confédérés.

Lincoln est affaissé sur son fauteuil, la tête retenue par sa femme, Mary. Il est paralysé et respire à peine. Un chirurgien militaire assistant à la représentation se rue dans la loge. Il constate que la blessure à l'arrière du crâne de Lincoln, près de son oreille gauche est mortelle. Le président respire difficilement. Il est transporté dans une maison située face au théâtre car il est impossible de l'acheminer jusqu'à la Maison-Blanche. Les médecins se succèdent à son chevet mais il sombre très vite dans le coma et s'éteint le lendemain matin, 15 avril 1865.

Booth ne sera retrouvé qu'une semaine plus tard, dans une ferme où il sera abattu. Pendant sa cavale, il rédigera une confession dont sont tirées une grande partie des informations ci-dessus. Il est indigné par le sort que les journaux lui réservent : « Et pourquoi ? Pour avoir fait ce pour quoi l'on honore Brutus, ce qui fit de Tell un héros. Et moi qui ai abattu un tyran tel que l'on n'en avait jamais vu, on me considère pourtant comme un vulgaire coupe-gorge. »[2]

Quatre de ses complices seront également arrêtés et pendus après un rapide procès. Booth avait ourdi un véritable complot et, pourtant, aucune information n'était remontée jusqu'aux services de la présidence. Sans évoquer des services de renseignement tels qu'on les connaît aujourd'hui, et en faisant abstraction des moyens technologiques, il est quasiment inconcevable qu'un complot de cette ampleur, impliquant au moins six personnes, n'ait pu être détecté. Il est vrai que les services de renseignement, épuisés par une guerre longue, avaient dû baisser la garde avec

1. « Il en est toujours ainsi des tyrans. »
2. Journal de John F. Booth.

la fin des hostilités quelques jours auparavant. L'acte criminel n'aurait peut-être pas pu être empêché mais aurait certainement entraîné un renforcement de la sécurité présidentielle, malgré les réserves de sénateurs tels que Mallory.

Il est impossible de savoir ce que l'appel à la paix de Lincoln, « à la charité pour tous, sans malveillance envers quiconque », aurait pu accomplir si le président avait vécu, mais sa mort inopportune eut des conséquences immenses pour la Confédération. Booth a réussi son meurtre politique mais a raté son objectif qui était de sauver le Sud si cher à son cœur. Une fois de plus, un meurtre politique n'a pu transformer le cours de l'Histoire et arrêter l'irréversible destinée d'un peuple.

CHAPITRE 7

Premier attentat anarchiste

L'attentat contre Sadi Carnot
Le 25 juin 1894

Si, depuis l'Antiquité et jusqu'à la fin du XIXe siècle, les complots et attentats politiques ont pour but de changer la forme du gouvernement ou d'attenter à la personne du roi, les anarchistes ne réclament pas un nouveau roi, ou un nouvel empereur. Ils préfèrent l'instauration d'une république parce que la liberté y est plus grande, l'agitation plus facile et la somme des mécontents et des oppositions y favorise les éléments de discorde. Les anarchistes veulent changer le fonctionnement de la vie sociale, les relations du capital et du travail. Ils ne veulent plus de servitude ou d'obligation. « À chacun selon ses désirs ! » L'homme a des besoins et il doit pouvoir les satisfaire.

Les anarchistes de cette fin du XIXe siècle obéissent à une philosophie que l'avocat de Jean Grave[1], un des pionniers de l'anarchie française, résume de la sorte :

« Si l'homme est mauvais, la faute en est imputable à l'outillage social. Détruisons cet outillage et l'homme deviendra bon » ;

« Pour prévenir le retour de l'outillage social, il faut arriver à l'élimination complète du principe d'autorité. »

1. Jean Grave (1854-1939) : militant anarchiste ayant participé au journal *Le Révolté* d'Élisée Reclus.

Tout est dit. L'anarchie est un condensé de rousseauisme, la lutte des droits de l'individu naturellement bon, en révolte contre la société qui le corrompt. Les anarchistes en insurrection contre les lois établies veulent se justifier, même aux yeux de ceux qu'ils combattent, et ils se réclament de l'idéal du but poursuivi : améliorer l'humanité dont ils veulent le bonheur. « C'est la faute de la société ! » devient la formule rituelle commode qui excuse tout en cette fin du XIXe siècle et dans les siècles suivants. Mais, en retour, la société a le droit et surtout le devoir de se défendre, même si cette notion n'est pas nouvelle. Dans ses *Maximes d'État*, Richelieu écrivait déjà au XVIIe siècle : « Ne pas châtier une faute de conséquence dont l'impunité ouvre la porte à la licence est une omission criminelle. »

La fête submerge Lyon en ce 25 juin 1894. Le président de la République est arrivé la veille au milieu des acclamations enthousiastes. La ville se pare de pavoisements, d'illuminations et d'arcs de triomphe.

Vingt et une heures ont sonné depuis quelques minutes quand Sadi Carnot quitte le palais de la Bourse où un banquet de mille couverts a été donné en son honneur. Il doit se rendre au Grand Théâtre, place des Terreaux, pour assister à une représentation d'*Andromaque* donnée par les artistes de la Comédie-Française. Le trajet s'effectue en landau décapoté pour saluer la foule. Le président est assis à l'arrière, côté droit. À sa gauche se trouve le général Borius, chef de la maison militaire de l'Élysée, et face à lui le docteur Gailleton, maire de Lyon, lui-même assis au côté du général Voisin, gouverneur militaire. Faut-il préciser que le président est totalement exposé à la foule, sans aucune protection rapprochée, ayant lui-même donné ordre aux dragons de l'escorte de dégager l'espace afin d'être mieux vu par la foule.

À 21 h 15, le landau présidentiel tourne à droite dans la rue Sainte-Bonaventure – devenue depuis la rue Sadi-Carnot – en direction de la rue de la République. Il ralentit son allure pour négocier le virage en épingle à cheveux. C'est précisément à ce moment-là que surgit de la foule un jeune homme qui plonge littéralement sur Sadi Carnot et le frappe à la poitrine d'un seul coup de poignard qu'il enfonce jusqu'à la garde, de haut en bas. L'acte est accompli si rapidement que, dans la voiture, les passagers croient tout d'abord à la remise brutale d'une lettre de revendications, ou à un bouquet déposé avec force. Le président a un léger soubresaut, sa figure exprime comme une sensation de dégoût, plus que de douleur ou d'effroi. Il porte la main sur l'endroit frappé, la glisse entre son gilet et le plastron de la chemise. Il la retire ensanglantée. « Je suis blessé » », dit-il, et au même instant sa tête se renverse en arrière et il perd connaissance, l'arme toujours plantée dans la poitrine. L'assassin s'enfuit en hurlant : « Vive l'anarchie ! » Il ne parcourra que quelques mètres avant d'être ceinturé par le gardien de la paix Jehle et les membres de l'escorte présidentielle.

En attendant, le maire, le docteur Gailleton se précipite vers le président pour lui prodiguer les premiers soins. Sadi Carnot est comme affalé dans sa voiture, les bras inertes pendant le long du corps, la tête abandonnée à elle-même, renversée. Sa face est d'une pâleur effrayante, les paupières mi-closes, l'œil vitreux. Au milieu de l'affolement général, des cris de la foule, des bruits de la voiture et des cavaliers qui formaient l'escorte, des ordres gueulés, il est difficile de se rendre compte de l'état du blessé. Le docteur Gailleton entend toutefois de légers gémissements qui laissent croire que tout n'est pas fini. Le landau s'avance au galop des chevaux en direction de la Préfecture où Carnot dispose d'appartements pour la durée de la visite officielle, et qui est distante d'environ 700 mètres des lieux de l'attentat. Malgré les soins portés par les médecins qui ont accouru à son chevet, le président va agoniser pendant plus de trois heures et décéder le 25 juin à minuit et demi.

Revenons quelque temps en arrière, au moment où l'assassin s'enfuit. Le coup porté, il se rejette vivement en arrière du landau. Surpris de ne pas être arrêté et étonné que personne ne semble avoir compris ce qui s'est passé, l'anarchiste se met à courir en avant de la voiture présidentielle et crie : « Vive l'anarchie ! » Il passe entre les chevaux du landau de Sadi Carnot et ceux de l'escorte, puis tente de pénétrer dans la foule compacte et de disparaître. Les hommes et les femmes massés sur le bord du trottoir refusent de le laisser passer au moment où quelqu'un se met à crier : « Arrêtez-le ! » Un garde lui met la main au collet pendant qu'une dizaine d'autres le ceinturent et le mettent à terre.

Emmené au poste, l'assassin est interrogé par les services de police. Il explique et justifie son geste pendant toute la durée de son procès-verbal d'interrogatoire. Il s'appelle Sante Geronimo Caserio, né le 8 septembre 1873 à Motta-Visconti en Italie. Il ne peut s'empêcher de sourire en évoquant son jour de naissance, le jour de la Nativité de la Vierge. Il mesure 1,71 mètre, a les cheveux châtains, la peau légèrement bistrée. Il est un de ces hommes maigres et pâles que redoutait Jules César. Ses connaissances politiques sont quasi nulles. Il s'est soumis à un véritable gavage de lectures dont il n'a retenu que quelques phrases qu'il répète en boucle. Caserio est un esprit faible mais d'un caractère énergique et quand il se lance dans l'anarchie, il rêve d'être un compagnon modèle. Il sacrifie tout à ses convictions. Il déclare que ses idées criminelles sont la conséquence de son séjour à l'hôpital de Sète où il a appris les exécutions d'Auguste Vaillant et Émile Henry[1]. Ces exécutions lui ont mis la rage au cœur et ont fait germer dans son cerveau des idées de haine et de vengeance. Il décide de se sacrifier pour sa cause et, par vanité, veut démontrer à ses compagnons qu'il est bien l'homme fort et résolu qu'ils ont connu.

Dès sa sortie de l'hôpital, son parti est pris. Il attend l'occasion. Elle se présente sous la forme d'un voyage présidentiel souvent annoncé, toujours reporté et enfin fixé. Il se rend à Lyon et va profiter de tous les clins d'œil du destin pour commettre son méfait. Fier de son acte, il le décrit en détail dans son interrogatoire.

1. Auguste Vaillant (1861-1894) et Émile Henry (1872-1894) : anarchistes et criminels guillotinés en 1894 après avoir lancé une bombe dans l'hémicycle du palais Bourbon.

Il prend le train pour Lyon et décide de se rendre place de la Guillotière. Il ne s'est rendu qu'une seule fois à Lyon dans le passé et la Guillotière est le seul endroit qu'il connaît et va lui permettre de s'orienter. Coup de chance, Il y rencontre un badaud qui lui indique, en détail, les lieux des festivités. Caserio suit la foule et arrive à « une sorte de place où les arcs lumineux cessent ». Il s'engage dans une rue illuminée et arrive à un endroit où les forces de l'ordre font reculer la foule pour laisser la voie libre. Il sait qu'il est au bon endroit. Il déclare d'ailleurs aux enquêteurs : « *Il y avait là un grand palais illuminé. J'ai compris que c'était le palais de la Bourse, car j'avais lu sur le journal : à six heures, grand banquet au palais de la Bourse et à neuf heures représentation au Grand Théâtre.* »[1] Du reste, en écoutant les gens parler, il apprend que le président va sortir du côté droit du palais pour se rendre au théâtre. En regardant la manière dont la police fait se ranger la foule, il en déduit la direction que va suivre le président pour aller au théâtre. Malheureusement, Caserio anticipant qu'il se trouvera sur la gauche du cortège en déduit qu'il n'est pas du bon côté de la chaussée : « *Je savais depuis des années que le plus haut personnage occupe toujours la place de droite au fond de la voiture.* »

Il décide de traverser la rue mais les agents ne laissent passer personne, hormis quelques dames, sous les quolibets de la foule. La chance va sourire à Caserio : au bout de dix minutes d'attente, une voiture à deux chevaux, dont le cocher portait sur la poitrine une grande plaque de carton blanc avec un numéro, se présente à un contrôle policier. Les agents laissent pénétrer cette voiture dans l'espace libre. Une quinzaine de personnes, dont Caserio, en profite pour la suivre et traverser la rue. Mais les gens placés au premier rang protestent et refusent de se reculer. « *Laissez-moi passer, je me mettrai derrière...* », leur lance l'anarchiste qui joue des coudes et se retrouve trois ou quatre rangs derrière. Il ne peut rester à cet endroit : il ne voit rien et ne pourra s'avancer jusqu'au landau présidentiel au moment décisif.

1. Les mentions en italiques sont issues de l'Interrogatoire de Caserio.

Une fois de plus, le destin lui donne un coup de pouce : un petit garçon d'une dizaine d'années monte sur le support d'un candélabre. Un des gardiens de la paix placé en avant du trottoir le fait descendre et le remet à ses parents en les réprimandant. Caserio profite du mouvement occasionné par cet incident pour prendre la place d'une femme située sur le second rang.

Tout le monde autour de lui commence à s'agiter. Quelqu'un annonce qu'il est 9 h 05. Une voiture fermée arrive au grand trot du théâtre et se dirige vers la Bourse, pour repartir aussitôt en sens inverse. Fausse alerte. Enfin, la Marseillaise retentit. Quatre cavaliers de la Garde républicaine passent au galop pour s'assurer que les rues empruntées par le cortège ne sont pas encombrées. Puis arrive au pas un peloton de militaires à cheval composé de cinq rangées de quatre cavaliers. Derrière cette troupe, un cavalier seul tient sa trompette en l'air, sans en jouer, suivi d'un second peloton semblable au premier. Enfin, Caserio aperçoit la voiture présidentielle.

Au moment où les derniers cavaliers passent en face de lui, l'anarchiste ouvre son veston et se saisit, de la main gauche, du poignard caché dans la poche de poitrine intérieure droite de sa veste. Il bouscule les deux jeunes gens placés devant lui, reprend le manche de l'arme de la main droite et, de la gauche, fait glisser le fourreau sur la chaussée. Il se dirige « *vivement mais sans bondir, tout droit au président, en suivant une ligne un peu oblique, en sens contraire du mouvement de la voiture* ». Il prend appui de la main gauche sur le rebord du landau et d'un seul coup, de haut en bas, plonge son poignard jusqu'à la garde dans la poitrine du président et laisse le poignard dans la plaie. En portant le coup, Caserio hurle : « Vive l'anarchie ! »

En raison des circonstances, et pour la facilité de l'enquête, une autopsie doit être pratiquée. Madame Carnot s'y oppose. Les autorités scientifiques usent de toute leur influence auprès de la veuve. Finalement, elle cède à des instances si pressantes et accorde l'autorisation, à condition que l'autopsie soit partielle et limitée à la région blessée.

L'autopsie révèle que la mort résulte bien du coup de poignard qui a été mortel. Un doute subsiste : y a-t-il eu un ou deux coups de couteau ? Les experts penchent pour deux coups. Le meurtrier est formel « ... *Je n'ai porté qu'un coup...* » puis, comme les enquêteurs lui posent encore une fois la question, il est précis : « ... *Il n'y a eu de ma part qu'un seul coup et un seul mouvement...* » Caserio n'a aucune raison de mentir alors que depuis le début de son audition il raconte fièrement, par le détail, le déroulé des opérations.

L'autopsie terminée, elle relève un grand concours de coïncidences : la taille de l'assassin, la hauteur du siège sur lequel était assis M. Carnot et la violence du coup, tous ces éléments ont joué en faveur de la réussite de l'assassinat. Le docteur Gailleton le précise dans sa déposition : « Le meurtrier est arrivé obliquement, venant au-devant de la voiture ; c'est ce qui explique que la violence du coup a été accrue par le mouvement même de la voiture et a favorisé l'entrée du poignard jusqu'à la garde. »[1] Enfin, l'autopsie précise que le foie étant un organe mobile qui suit les mouvements du diaphragme, il est venu se déchirer sur l'instrument tranchant, abandonné par l'assassin dans la plaie. Le président de la République sortait de table, la circulation du foie était augmentée, activée par le travail de la digestion. « La veine porte était turgescente et s'est déchirée sur la lame du couteau. »[2] Il n'y a bien eu qu'un seul coup de couteau donné par Caserio mais qui a eu une double action.

Les anarchistes de la fin du XIXe siècle entreprennent d'user d'une violence aveugle destinée à faire peur et à venger les fusillés de la Commune de Paris. Après les attentats de Ravachol et son arrestation en 1892, un de ses soutiens affirme lors d'une réunion parisienne qu'il faut « continuer de frapper jusqu'à ce que la bourgeoisie disparaisse et s'il faut pour sauver la moitié de l'humanité, tuer l'autre, qu'on la tue ». l'impact médiatique des attentats est annonciateur d'une ère nouvelle. L'action

1. Déposition du docteur Gailleton, maire de Lyon.
2. Compte rendu de l'autopsie.

terroriste devient une manière de poursuivre la politique par d'autres moyens. « Les actes de brutale révolte portent juste, car ils réveillent la masse, la secouent d'un violent coup de fouet et lui montrent le côté vulnérable de la bourgeoisie… »[1] La voie s'est ouverte, elle n'est pas près de se refermer.

1. Émile Henry.

CHAPITRE 8

La malédiction des Habsbourg

L'attentat contre l'impératrice Élisabeth d'Autriche Genève, 10 septembre 1898

Ce 10 septembre en début d'après-midi, un homme petit, légèrement trapu, portant des habits très usés et un chapeau bosselé, fait les cent pas devant l'embarcadère de Genève. Il part se poster dans l'ombre, derrière le monument Brunswick, et épie tous les faits et gestes des passants. C'est un Italien de 28 ans qui répond au nom de Luigi Luccheni, anarchiste de son état. Il a rendez-vous avec son destin. Il s'est juré de verser le sang des puissants pour leur faire payer les malheurs du peuple, et accessoirement donner à sa vie ratée un semblant d'existence.

Luigi Luccheni est né en 1873, enfant illégitime de Luigia Luccheni, une servante à la journée venue d'Italie à Paris pour y cacher sa grossesse. Elle place le nouveau-né dans un hospice et part pour l'Amérique après ses couches. Rapatrié en Italie en 1874, l'enfant est ballotté d'orphelinats en familles d'accueil. À l'âge de 14 ans, le mineur fugue et commence une vie d'errance. Il se déplace en train quand il a de l'argent et à pied quand il manque de travail. Il accepte une place de domestique chez un noble de Palerme qui avait été son capitaine pendant son service militaire. En mars 1898, il quitte son emploi, embarque pour Gênes et se rend à Menton, Vintimille et Turin.

C'est vers Lausanne qu'il se dirige le 10 mai. Il travaille un temps comme manœuvre sur le chantier de la nouvelle poste de Saint-François. S'il se déplace souvent, il lit aussi beaucoup, surtout quand il est sans travail. Il s'intéresse particulièrement aux journaux mis en circulation par les milieux anarchistes comme *l'Agitatore* de Neuchâtel, *le Père Peinard* et *le Libertaire* de Paris. Il commence d'ailleurs à fréquenter le milieu des anarchistes italiens. Il prend l'habitude d'envoyer des journaux subversifs à l'un de ses anciens camarades de régiment à Naples, l'appelant à prendre conscience de la situation. L'idée de la propagande par l'acte[1] semble avoir pris corps chez lui à ce moment précis. Il franchit un nouveau cap en essayant d'acheter un poignard à Vevey. Mais il n'a pas assez d'argent et se rabat sur un tiers-point, une lime à section triangulaire et pointue utilisée pour affûter les dents des scies. Il l'achète à un quincaillier de Lausanne pour la modique somme de 20 centimes et demande à un de ses camarades menuisier d'équiper son outil d'un manche.

La nouvelle du séjour genevois à l'hôtel de Paris du prince Henri d'Orléans l'attire à Genève le 5 septembre, mais le prince avait alors déjà quitté la ville. Il panique. Il suit les traces du prince à Évian mais à chaque fois, il a un temps de retard. Il retourne à Genève et essaie de trouver du travail. Il a pris sa décision, il lui faut une nouvelle victime. Une indiscrétion de la *Tribune de Genève* lui apprend que l'impératrice Élisabeth d'Autriche, reine de Hongrie, séjourne en Suisse, à l'hôtel Beau-Rivage de Genève. Elle y réside incognito, comme toujours, sous le nom de comtesse Hohenems. La fatalité vient de désigner sa victime. Mieux qu'un prétendant putatif au trône de France, Luccheni a une impératrice en exercice à se mettre sous la lame. Une impératrice en exercice est un bien grand mot. Élisabeth se comporte toujours en femme pressée qui ne peut rester en place, et surtout pas à Vienne. Elle épuise son entourage en ordonnant à tout moment

1. Propagande par l'acte : théorie des anarchistes selon laquelle les actes les plus violents doivent être précédés d'un travail de propagande pour justifier les pires horreurs et les faire accepter par tous.

de mettre son train spécial sous pression et de faire ses malles. Y compris cette année-là. Surtout cette année-là.

L'année 1898 représente un moment particulier pour la monarchie des Habsbourg. Toute l'Autriche défile à Vienne pour les festivités du jubilé des cinquante ans de règne de François-Joseph. La population et les corps constitués, dans un mouvement de réelle vénération, présentent leurs vœux à l'empereur. Des milliers d'enfants, de chasseurs en culotte de peau défilent dans les rues de la capitale. Les défilés succèdent aux aubades, les aubades aux cortèges. Tout l'empire, Hongrie comprise, communie dans la même ferveur dynastique. Il ne manque personne à François-Joseph dont le visage ressemble tant à celui du bon grand-père de l'empire. Ou plutôt si, il manque l'impératrice. Elle se fait de plus en plus rare à Vienne. Tout juste a-t-elle fait de furtives apparitions pour les célébrations du cinquantenaire.

Accompagnée d'une suite d'une douzaine de personnes, Sissi arrive en gare de Montreux en Suisse, le 30 août 1898, après avoir fait un détour par sa Bavière natale. Dans la perle de la Riviera vaudoise, la reine-impératrice s'adonne à des excursions. Le 9 septembre, elle traverse le Léman en bateau à vapeur. Après un déjeuner chez la baronne Julie de Rothschild qui l'a invitée dans son château de Pregny, Élisabeth s'installe à l'hôtel Beau-Rivage à Genève.

Alors qu'elle est assise depuis un long moment dans le jardin Brunswick, situé à côté du palace, en compagnie de sa première dame d'honneur et confidente, la hongroise Irma Sztaray, le destin déploie ses ailes et déstabilise Sissi. Dans sa main, elle tient une pêche qu'elle a achetée pour se rafraîchir. Au moment où elle va mordre dans le fruit, un corbeau, très attiré lui aussi, fait tomber le fruit d'un battement d'ailes. Élisabeth se lève brusquement et, très pâle, déclare : « Un corbeau n'est pas un bon signe. Il annonce toujours un malheur dans notre maison… »[1]

1. *Sissi ou la fatalité*, Jean des Cars.

L'impératrice d'Autriche ne se trompe pas. Le malheur va frapper les Habsbourg une fois de plus et dès le lendemain.

Le sort en est jeté et la tragédie se met en œuvre inexorablement. Le 10 septembre, Sissi renvoie sa suite à Montreux par le train et refuse d'utiliser le yacht privé de la baronne de Rothschild. Elle exige de voyager incognito, à bord d'un bateau public qui quitte Genève à 13 h 40 pour rejoindre Territet, une localité située à proximité de Montreux. Elle ne veut aucune escorte. Seule la présence à ses côtés de la comtesse Irma Sztaray est tolérée.

Dès le matin du 10 septembre, Luccheni se poste aux environs de l'hôtel pour surveiller les allées et venues. Il a déjeuné rapidement dans une soupe populaire voisine et s'est positionné derrière la statue équestre de Charles II de Brunswick quand il voit l'impératrice Élisabeth accompagnée de sa dame de compagnie s'avancer vers l'embarcadère.

Tandis que les deux femmes se pressent sur le quai du Mont-Blanc pour embarquer, Luccheni vient à leur rencontre presque en courant. Il titube comme s'il était ivre. Elles s'effacent car elles craignent qu'il vienne les heurter. Mais à l'instant où il croise l'impératrice, l'anarchiste lève le poing droit et frappe Élisabeth qui cherche à ouvrir son ombrelle. Nous ne saurons jamais si elle voulait se défendre ou tout simplement protéger son visage du soleil aveuglant. L'extrémiste lui assène un violent coup au cœur avec sa lime affûtée. Sous le choc Sissi s'affaisse mais se relève aussitôt. Elle ne se rend pas compte qu'elle est blessée. « Ce n'est rien, dépêchons-nous, nous allons rater le bateau. » Arrivée sur le navire, elle s'effondre aussitôt et perd connaissance. Branle-bas de combat à bord. La dame d'honneur s'aperçoit que la souveraine a été poignardée et perd son sang. Le vapeur opère un demi-tour. Élisabeth est transportée, sur un brancard de fortune, dans une chambre de l'hôtel Beau-Rivage. On fait venir des médecins qui ne peuvent que constater la gravité de la blessure et un prêtre pour l'accompagner dans ses derniers instants. Après une heure d'agonie, l'impératrice d'Autriche et reine de Hongrie rend son âme tourmentée à Dieu. « Je voudrais m'envoler de ce monde comme un oiseau, comme une fumée », confiait-elle souvent à ses proches. Elle est exaucée.

Pour François-Joseph, le choc est terrible. Après un frère fusillé au Mexique, un fils suicidé à Mayerling, on lui annonce que sa femme vient d'être assassinée à Genève, rien ne lui sera épargné. La Providence semble s'acharner sur l'empereur. Pourquoi ? A-t-il commis une faute inexpiable ? Est-ce la malédiction des Habsbourg qui va encore perdurer ? Ou est-ce tout simplement le destin ?

La légende prend son envol. Le mythe est né : une destinée royale, la peur des obligations officielles, le repli sur soi, la fin tragique d'une « impératrice libertaire », comme l'écrivait Paul Morand. Et le romancier d'ajouter : « Une tête couronnée qui étouffe sous les devoirs de sa charge et se révolte contre son rang, suffit à ravir le grand public des hebdomadaires qui veut que les reines s'habillent comme des reines et se conduisent comme des poules. » Elle s'est trouvée prisonnière du protocole impérial de son vivant et même aussi dans la mort. Celle qui se surnommait la mouette des mers voulait être enterrée à Corfou. Ce dernier souhait ne sera pas exaucé. En tant que Habsbourg, elle doit être inhumée dans la crypte impériale des Capucins.

Revenons au moment de l'agression de l'impératrice. Après l'avoir frappée, Luccheni s'enfuit vers la rue des Alpes. Il est maîtrisé par des passants, de simples travailleurs comme lui, et conduit au poste de police avant d'être incarcéré à la prison de Saint-Antoine où il est mis au secret. Les enquêteurs sont d'emblée préoccupés par l'éventualité d'un complot, hypothèse qui se révèle assez vite invraisemblable. D'ailleurs, Benito Martinelli, le menuisier de Lausanne qui a emmanché la lime utilisée par l'anarchiste, fait deux mois de prison mais est finalement libéré et lavé de tout soupçon. Les polices vaudoise et genevoise vont toutefois mettre à profit l'attentat pour expulser un grand nombre de militants anarchistes étrangers.

Quant à Luigi Luccheni, il est fier de son acte et se qualifie de bienfaiteur de l'humanité. « Cette femme était déjà criminelle par sa naissance. Elle n'a jamais travaillé ! Elle n'a jamais voulu travailler ! Elle a toujours voulu régner. Elle est ignoble. » Fidèle à ses convictions, l'assassin demande son transfert à Lucerne où, contrairement au canton de Genève, la peine de mort n'a pas été abolie. Il espère être décapité afin d'obtenir une plus grande renommée. Sa demande est rejetée et il est traduit devant le tribunal de Genève. Lorsque le président du tribunal l'interroge sur ses motivations, il répond d'une façon lapidaire « la misère ». À la question de savoir s'il regrette son geste, la réponse est significative : « Les grands de la terre ont-ils des remords de persécuter les malheureux après dix-neuf siècles ? »

Luccheni est condamné à la perpétuité le 10 novembre 1898. Au prononcé du jugement, il se lève et crie : « Vive l'anarchisme ! À bas l'aristocratie ! » Il est transféré de la prison de Saint-Antoine à la prison de l'Évêché. Il met fin à ses jours par pendaison, avec sa ceinture, le 19 octobre 1910.

Le crime eut, et a toujours, un immense retentissement. Il donne naissance au mythe flamboyant de l'impératrice Sissi. À l'une, la sollicitude et les honneurs d'une légende dorée ; à l'autre, la part maudite et l'oubli : Luccheni est mort comme il a vécu, oublié de tous. Seul est resté dans les esprits le fait que Sissi a été assassinée par un anarchiste. Le meurtre de l'impératrice est le triste apogée de la misérable vie de Luccheni qui a consigné son récit dans cinq carnets rédigés pendant son incarcération. Quatre de ces carnets ont été dérobés par ses gardiens et il ne reste plus que le premier cahier intitulé *Histoire d'un enfant abandonné à la fin du XIXe siècle, racontée par lui-même*. En prison, le contestataire s'assagit, lit et réfléchit. Il veut donner un sens à son crime. Celui-ci apparaît comme un acte de naissance au sens propre du terme car c'est durant son procès que le libertaire apprend le nom de sa mère qui l'a abandonné à sa naissance. Il fait ainsi de son crime une créance qu'il présente à la société coupable de graves fautes à son égard.

Luccheni appartenait-il à un réseau d'anarchistes ? Il a bien fréquenté les milieux anarchistes italiens exilés en Suisse mais il apparaît que son acte n'a pas été dicté par une quelconque organisation. À l'inverse, le juge d'instruction Charles Léchat semble convaincu de l'appartenance de l'homme sans famille à un groupement anarchiste. Mais il est bien le seul à le penser. Politiquement et diplomatiquement, la Suisse fait l'objet d'attaques de la part des autres pays européens qui lui reprochent une position libérale face aux activistes politiques. La Confédération helvétique se doit de clore le dossier le plus vite possible.

En revanche, l'assassinat de l'impératrice d'Autriche marque un tournant dans la répression de l'anarchisme. À la fin des années 1890, une série d'attentats à la bombe et d'assassinats politiques frappe de plein fouet la France et l'Italie. Quelques jours après le meurtre du président de la République française Sadi Carnot, c'est le président du Conseil italien Francesco Crispi qui est assassiné, et en 1898, l'anarchiste italien Luccheni poignarde l'impératrice « Sissi » à Genève. Ce dernier assassinat marque une prise de conscience des États européens. Ainsi, à la suite de l'attentat de Genève, les gouvernements européens déclarent la « secte anarchiste » ennemi public numéro un du monde civilisé. Une conférence internationale, plus connue sous le nom de « conférence anti-anarchiste » se tient à Rome du 24 novembre au 21 décembre 1898 et regroupe les services de police, de justice et des Affaires étrangères de vingt et un pays européens. La condition *sine qua non* de la participation des États à la conférence romaine réside dans l'établissement d'un consensus, non contraignant, autour d'options sur la meilleure façon de faire face au terrorisme anarchiste.

Pour la première fois, des projets de loi français et italiens démontrent que les législations anti-anarchistes sont le fruit d'une réflexion commune à l'échelle de l'Europe s'inscrivant dans deux tendances. Tout d'abord, réprimer toute atteinte contre l'État en général, ensuite nier toute légitimité aux anarchistes en criminalisant leurs actes et en les réprimant comme des criminels de droit commun et non comme des opposants politiques.

Et les mêmes questions qui se poseront plus d'un siècle plus tard à propos du terrorisme islamiste se posent en ce XIXe siècle finissant. Faut-il lutter contre le terrorisme anarchiste en respectant les grands principes démocratiques ? Ou, face à un comportement extrême qui bafoue toutes les règles, faut-il adopter des mesures radicales pour combattre le terrorisme sur son propre terrain et s'exposer à des dérapages ? La France et l'Italie ne vont donc pas hésiter à instrumentaliser le « péril anarchiste » pour mieux réprimer les mouvements sociaux, juguler la presse et détourner l'attention de l'opinion des scandales parlementaires. Avec pour résultat l'éradication de la menace.

TROISIÈME PARTIE

Le XXe SIÈCLE DU RÉGICIDE AU CRIME DE MASSE

Le meurtre politique prend un nouveau visage au XXe siècle, en termes d'idéologie comme en termes de méthodologie. Déjà en 1869, Bakounine dans son *Catéchisme révolutionnaire* exacerbait le terrorisme perpétré au nom de la société libertaire, ouvrant ainsi une nouvelle pratique politique. L'homicide trouve désormais sa place dans « la propagande par l'action » et va faire des émules en dehors de la sphère anarchiste. Les nationalistes autoproclamés qui assassinent l'archiduc François-Ferdinand ne sont pas des anarchistes, pourtant ils emploient les mêmes méthodes. L'archiduc n'est pas un tyran au sens antique du terme, il n'a promulgué aucune loi cruelle ou injuste, mais il a été choisi en tant que symbole afin d'attirer l'attention sur les exigences de ses meurtriers. Enfin, les assassins acceptent les risques collatéraux et assument la possibilité de tuer des innocents. Le meurtre politique prend un nouveau visage au XXe siècle qui ira en s'accentuant jusqu'au début du XXIe siècle. La violence aveugle se banalise et devient un moyen pour provoquer des changements ou plus simplement pour faire part de ses revendications.

Au cours du XXe siècle, le meurtre politique peut donc être classé en trois catégories, si l'on fait abstraction de l'assassinat commis par un individu isolé ne jouissant pas de toutes ses facultés mentales. Ce type de meurtre existe depuis toujours et a encore de beaux jours devant lui.

— Le meurtre révolutionnaire vertical, qui vise l'État, toujours au nom du peuple. Il n'a qu'un seul objectif, celui de renverser les institutions. Des anarchistes de la Belle Époque aux terroristes des Brigades rouges ou d'Action directe, ils veulent renverser l'ordre établi par une stratégie de déstabilisation permanente.

— L'action terroriste indépendantiste ou anticolonialiste. Il s'agit de chasser un occupant par la stratégie de la guérilla, la négociation politique ou la pression idéologique. Le meurtrier politique veut décourager une puissance étrangère ou, au moins, lui faire payer le prix de sa présence en pertes humaines et politiques afin qu'elle doive partir ou céder.

— Le meurtre politique comme élément de menace et de négociation afin d'obtenir un avantage précis, comme la libération de prisonniers ou le retrait d'un conflit.

Dans cette seconde partie, j'ai choisi onze attentats où le hasard et la baraka ont été déterminants. Cinq ont été couronnés de succès et six ont échoué. Tous mettent en œuvre des actes individuels, des actes de déments ou des conjurations. En dernier lieu, j'évoque l'assassinat du président égyptien Anouar el-Sadate, qui préfigure une évolution dans la commission du meurtre politique et le passage à une stratégie terroriste mondialisée.

CHAPITRE 9

Le premier attentat séparatiste

L'attentat contre François-Ferdinand
Sarajevo, 28 juin 1914

Sarajevo est une véritable tragédie grecque. À chaque moment de son déroulement, la catastrophe aurait pu être évitée, mais la main du destin est venue systématiquement corriger les erreurs, les approximations et les négligences des conjurés, comme si une puissance supérieure s'était amusée à contrarier ce qui aurait pu interrompre l'engrenage fatal. François-Ferdinand devait mourir ce 28 juin 1914 et sa mort devait entraîner le monde entier dans un chaos qui allait durer quatre ans et aboutir à la chute de quatre empires[1].

S'il est assez facile de reconstruire en détail l'assassinat de François-Ferdinand, grâce aux témoignages enregistrés par les enquêteurs et aux images prises par la presse pendant le déplacement officiel, il est plus difficile de remonter aux sources du complot car les assassins ont tout fait pour effacer les traces qui ramenaient à Belgrade.

Pourquoi le groupe nationaliste serbe la Main noire réclame-t-il l'assassinat de l'archiduc ? En raison d'un principe récurrent de la logique des mouvements terroristes : les réformateurs et les modérés sont plus à craindre que les ennemis

1. Les Empires austro-hongrois, allemand, russe et turc.

déclarés ou les extrémistes. L'héritier des Habsbourg n'était pas particulièrement hostile aux minorités slaves de l'Empire austro-hongrois. L'archiduc soutenait les réformateurs de la monarchie qui voulaient donner plus d'autonomie aux territoires slaves. Si la réforme aboutissait, la monarchie austro-hongroise devenait une entité tripartite gouvernée par Vienne, sur un mode fédéral, avec Zagreb qui devenait capitale au même titre que Budapest. Mais comme l'a avoué son assassin Gavrilo Princip : « En tant que futur souverain, il aurait empêché notre union en mettant en œuvre certaines réformes. »

La constitution de l'équipe : entre inexpérience et incompétence

Les trois hommes choisis, Trifko Grabez, Nedeljko Cabrinovic et Gavrilo Princip, ont 19 ans et sont amis. Ils viennent de familles pauvres, ont eu une enfance malheureuse et sont de l'étoffe dont sont faits les terroristes modernes : taciturnes, juvéniles et riches d'idéaux. Ils ne sont pas portés sur l'alcool ou sur les femmes. « Ils ressassent indéfiniment les souffrances de la nation serbe dont ils rendent responsable le monde entier et ressentent les humiliations et les affronts infligés au plus petit de leurs compatriotes comme les leurs. »[1] En revanche, et c'est la grande différence avec les terroristes religieux d'aujourd'hui qui recherchent un monde meilleur au paradis, les trois assassins ne veulent agir que pour le bien-être collectif du nationalisme panserbe.

Ils ont passé leurs années de formation dans l'univers irrédentiste et seront mis en condition par des hommes d'âge mûr qui vont les intégrer dans des réseaux terroristes. Chez Princip, l'idée de sacrifice tourne à l'obsession. Il avait formé le dessein de mourir comme le terroriste martyr Bogdan Zerajic qui, en 1910 s'était suicidé après avoir en vain tenté d'assassiner François-Joseph. Il déclarera dans ses dépositions : « Je savais que quoi

1. Christopher Clark, *Les Somnambules*.

qu'il arrive, je ne vivrais pas longtemps. La pensée du suicide me hantait. Tout m'était indifférent. »

Le milieu social des cafés est au moins aussi important que le contact des activistes. C'est dans un des cafés de Belgrade, le Grolden Stör, qu'ils évoquent pour la première fois la possibilité d'assassiner l'héritier du trône d'Autriche. C'est là qu'ils rencontrent Milan Ciganovic, un Serbe bosniaque membre de la Main noire, qui leur fournira, le 27 mai, quatre pistolets Browning, les boîtes de munitions correspondantes, six bombes d'au moins 1,5 kg et du cyanure. Ils ont ordre de se suicider par balle ou à défaut d'avaler le poison après l'attentat.

Au préalable, il faut les former et tout leur expliquer : comment on arme un pistolet, comment on emploie une bombe en amorçant le détonateur et en comptant jusqu'à dix avant de la lancer sur la cible. En effet le temps de latence entre la mise à feu et l'explosion est d'environ 12 secondes.

Le 15 juin, les assassins pénètrent en Bosnie grâce au réseau de la Main noire et de ses contacts avec les douaniers serbes. Si nos trois spadassins se méfient des fonctionnaires autrichiens, ils sont peu discrets avec leurs contacts serbes. Ils montrent leurs armes dans les cafés, parlent de l'attentat qu'ils vont commettre. Ils laissent tellement d'indices que l'on peut légitimement se demander comment les autorités autrichiennes n'ont pu avoir vent de leur projet !

À Sarajevo, ils reçoivent le renfort d'une seconde cellule de quatre hommes, tout aussi performante que la première. Danilo Ilic, un Serbe bosniaque a recruté trois individus, deux lycéens inexpérimentés – Cvijetko Popovic et Vaso Cubrilovic – et un charpentier musulman né en Herzégovine, Muhamed Mehmed Basic. Ce dernier s'est révélé incompétent lors d'une précédente tentative d'attentat en 1914 contre le gouverneur de Bosnie Oskar Potiorek. Il avait pris peur et s'était enfui en laissant les armes et les explosifs.

L'équipe de tueurs chevronnés ressemble de plus en plus à une bande de pieds nickelés protégée par la destinée, à moins que le choix d'un incapable et de deux lycéens inexpérimentés ne serve à brouiller les pistes.

La visite pourrait ne pas avoir lieu

Il s'en est fallu d'un cheveu pour que la visite de François-Ferdinand en Bosnie soit annulée.

Le gouverneur de Bosnie, le général Potiorek était inquiet et craignait des manifestations hostiles, voire des mouvements de foule incontrôlables. Les rapports de police étaient inquiétants. On s'en prenait au prince héritier mais surtout à sa femme qualifiée de « Bécassine de Bohême ». François-Ferdinand ne voulait faire courir aucun risque à sa femme Sophie, surtout à la veille de leur anniversaire de mariage, le 28 juin !

Enfin, l'archiduc avait des problèmes de santé et souffrait d'asthme. Pendant le voyage, il devait traverser des régions infectées de malaria et Sarajevo, ville installée dans une vallée entourée de montagnes où se réverbérait le soleil, était une fournaise durant l'été.

François-Ferdinand demande audience à François-Joseph qui le laisse libre de son choix mais lui donne son avis : il serait dommageable pour la monarchie que des populations nouvellement sujettes aient le sentiment d'être négligées par le prince héritier. Le souhait claque comme un ordre : il ira à Sarajevo. La main du destin pousse inexorablement l'archiduc vers ses assassins.

Entre foi et philosophie résignée

Le prince héritier se savait menacé parce qu'il appartenait à la famille impériale. Brûler la cervelle des puissants de la terre était le sport préféré de l'« internationale anarchiste », avec de beaux succès en peu de temps : Alexandre III de Russie en 1894, Élisabeth d'Autriche, la fameuse Sissi, en 1898, Umberto d'Italie en 1900 et le roi Georges de Grèce en 1913.

Quelques jours avant de partir à Sarajevo, François-Ferdinand disait au colonel Von Bardoff, chef de sa chancellerie militaire : « Que voulez-vous, nous sommes en permanence en danger de mort. On doit faire confiance à Dieu. »

Dès le départ de Vienne, le voyage ne commence pas sous les meilleurs auspices. À peine le train quitte-t-il la gare de Vienne qu'il tombe en panne d'électricité. La voiture-salon est plongée dans le noir. On allume des bougies. La lumière vacillante des chandelles inspire le prince héritier qui lance au baron Von Morsey : « Qu'en dites-vous comme éclairage ? On dirait une crypte mortuaire ! » Il ne croyait pas si bien dire.

À Trieste, l'héritier du trône des Habsbourg embarque sur le *Viribus Unitis* qui longe les côtes adriatiques jusqu'à la vallée de la Nar où il monte à bord d'un yacht, le *Dalmate*, jusqu'à Mektovic. Puis un train spécial le conduit à Mostar, puis à Bad-Ilidza et enfin à Sarajevo.

Les préparatifs

Le 27 juin, Princip se rend en pèlerinage au cimetière de Sarajevo où il va saluer son héros Zeradjic. Pendant ce temps ses acolytes font la tournée des grands-ducs. Ils vont de bar en bar, montrent leurs armes et leurs bombes, parlent d'attentat à tel point que des indicateurs de police reniflant quelque chose font remonter l'information, mais en vain. Rien ne se passe, la main du destin semble se ganter de noir.

Nos conspirateurs n'ont pas bonne mine à leur rendez-vous du lendemain matin à la pâtisserie Vlajnic dans la Cumurijastrasse mais malgré leur gueule de bois, ils doivent écouter Princip distribuer les rôles.

La ville de Sarajevo est coupée en deux par un fleuve d'une trentaine de mètres de large, la Miljacka. Le quai de l'Appelkai la longe du côté de la vieille ville turque et c'est l'itinéraire que doit emprunter François-Ferdinand pour se rendre à l'hôtel de ville.

Princip échelonne ses sbires le long du quai tous les 50 mètres, entre les ponts de Cumurija et du Kaiser. Avec la canicule, la foule cherche l'ombre et se masse du côté des maisons pour profiter de la fraîcheur. Placés de l'autre côté, ses hommes seront plus mobiles et pourront s'échapper plus facilement en se jetant dans le fleuve.

À 9 h 30 tout est en place. Princip se poste à mi-chemin de ses six équipiers, au niveau du Lateinerbrücke (le pont Latin). Basic est en amont, il sera un des premiers à voir arriver le cortège. Grabez ferme la souricière. Positionner autant d'hommes armés est un élément essentiel à la réussite du complot car si l'un échoue ou est arrêté, un autre le remplacera.

Sous un soleil radieux, le couple archiducal descend du train en gare de Sarajevo et prend place dans un convoi composé de cinq véhicules du K.u.K freiwillige Automobilkorps. Les engins automobiles étant rares, les voitures appartiennent à des particuliers qui les mettent à disposition de la Cour et de l'armée. L'archiduc emprunte ainsi le coupé Gräfe und Stift du comte Harrach, berline découverte de six places, dépourvue de toute protection, dont la capote a été abaissée pour que les passagers puissent être vus par la foule en liesse. Dans le premier véhicule montent le maire de Sarajevo, Fehim Curcic, et le commissaire de police de la ville, Edmund Gerde ; le deuxième véhicule accueille François-Ferdinand et l'archiduchesse Sophie, à l'avant le chauffeur et un cocher de la cour, entre les deux, sur les strapontins, le propriétaire de la voiture, le comte Harrach et le gouverneur de Bosnie, le général Potiorek. Le troisième véhicule héberge des policiers bosniaques et le responsable de la sécurité du prince héritier. Dans les deux derniers véhicules montent des membres de la suite de l'archiduc et du gouverneur.

À 10 h 10, le convoi s'ébranle avec une distance de 30 mètres entre chaque voiture. Aucune mesure de sécurité ou presque n'a été prise : pas de haies de troupes, quelques rares policiers, serbes pour la plupart, dos à la foule pour garder la voie libre. Le comte Sternberg l'a d'ailleurs noté : « Quand l'empereur vint en Bosnie en 1910, on avait bouclé toute la ville, des centaines de personnes avaient été assignées à résidence. Derrière chaque arbre, il y avait un soldat face à la foule. Maintenant, c'est un assassin avec une bombe qu'il y a à chaque arbre. »

François-Ferdinand ne supporte guère les contraintes de sécurité. Après avoir passé les jours précédents à assister à des manœuvres militaires, il veut que cette partie du voyage se déroule dans une atmosphère décontractée. Il veut se présenter à ses sujets comme l'héritier du trône des Habsbourg qui fête ce jour-là son anniversaire de mariage.

Le cortège emprunte l'Appelkai à environ 30 km/h. La foule s'agglutine, de plus en plus compacte. Le convoi passe devant les maisons pavoisées aux couleurs des Habsbourg (noir et jaune) et de la Bosnie (rouge et jaune) et se rapproche du pont de Cumurija où Muhamed Mehmed Basic, originaire de Sarajevo, a pris position. Au moment où les acclamations s'élèvent autour de lui, il se prépare à amorcer la bombe et à la lancer. Il la dégage de son enveloppe de protection mais, au dernier moment, il reste paralysé de terreur comme en janvier 1914.

Cabrinovic, posté un peu plus loin, voit le convoi arriver mais il ne sait pas dans quel véhicule se trouve le prince héritier. Il interpelle un policier : « Où est l'archiduc ? » Dans la troisième voiture. Cabrinovic sort aussitôt sa bombe dissimulée sous un bouquet de fleurs, percute le détonateur contre un poteau et jette le tout en direction du prince. Dans la précipitation, il a oublié de compter jusqu'à 10. La machine infernale ricoche sur la capote de la voiture et explose 8 ou 9 secondes plus tard au passage de la quatrième voiture. Cabrinovic avale le cyanure puis se jette du haut du quai dans la rivière. En vain, le poison est de mauvaise qualité et le niveau de l'eau est trop bas. Il ne perd pas connaissance et n'est pas emporté par le courant. Il chute de 8 mètres sur un banc de sable où il est capturé et quasiment lynché par la foule.

L'archiduc est sauf. L'attentat est manqué. François-Ferdinand ordonne que l'on stoppe immédiatement pour aller voir ce qui se passe. Harrach descend. Rumerskirch arrive au niveau de l'archiduc, indique qu'il y a un blessé grave, le colonel Erik Von Merizzi, aide de camp du général Potiorek, mais qu'il faut repartir d'urgence. Harrach a tout juste le temps de sauter sur le marchepied avant que la voiture démarre et se rende en trombe à l'hôtel de ville.

Les autres comparses, pétrifiés sur place, n'ont rien fait. Lors de son interrogatoire, Vaso Cubilovic déclarera avoir été tétanisé par la présence de l'archiduchesse et « avoir eu pitié d'elle ». Popovic est aussi saisi de frayeur et incapable de passer à l'acte. En entendant la bombe de Cabrinovic exploser, il se rue dans un bâtiment et cache la sienne. Princip est pris au dépourvu. Ayant entendu l'explosion, il en conclut que le complot a réussi. Il se précipite vers l'endroit où Cabrinovic était posté mais le voit passer, entraîné par des policiers. Dans un premier temps, il veut éliminer son complice mais abandonne l'idée et se retourne vers le cortège. Le temps qu'il repère le képi orné de plumes d'autruche vertes de l'archiduc, la voiture a accéléré et quitté les lieux. Enfin, Grabez a également quitté son poste pour partir à la recherche de Princip, mais il est pris dans le mouvement de foule qui a suivi la première explosion. Tout autre que Princip aurait déclaré forfait mais lui décide de rester sur place et d'attendre sa chance.

Le rideau tombe sur le premier acte et force est de constater que l'absence de mesures de sécurité prises par les autorités est criante. En dépit des avertissements transmis à Vienne sur le risque d'une attaque terroriste, l'archiduc et sa femme se déplacent dans une voiture découverte, empruntent un itinéraire prévisible le long duquel les passants sont massés. Aucun soldat n'est déployé le long du trajet, contrairement à ce qui se fait d'habitude et le cortège défile sans protection le long d'une foule nombreuse. Le comble est que les gardes du corps sont absents. Leur chef étant monté par erreur dans une des voitures avec trois officiers bosniaques, il a laissé le reste de ses hommes à la gare !

Tout reste encore possible…

À l'arrivée à l'hôtel de ville, une réunion de crise s'improvise dans les salons du premier étage afin d'exfiltrer le prince. Le major général Paul Von Högger, commandant de la place de Sarajevo, propose de faire évacuer les rues par la troupe. Les unités qui ont participé aux manœuvres sont à proximité. Le général Potiorek refuse car le règlement militaire interdit aux troupes en campagne de faire la haie d'honneur dans les villes, la population pourrait en prendre ombrage.

Cette décision est incompréhensible. Potiorek aurait pu mobiliser la garnison de Sarajevo – 500 hommes – ou mettre en place une escorte à cheval. Non ! Par souci servile de ne pas déplaire à l'archiduc, ou pour ne pas déranger l'ordre établi, il ne fait rien. Plus grave encore, avec Gerde ils assurent à François-Ferdinand que tout péril est écarté et qu'il peut sortir sans crainte.

À l'origine, il était prévu d'emprunter de nouveau l'Appelkai sur une petite distance, puis de tourner à droite pour prendre la rue François-Joseph menant au Musée national. Pour éviter tout risque, Potiorek propose tout de même d'annuler cette partie du programme. Le cortège ira donc tout droit sur l'Appelkai.

… Mais le destin veille

François-Ferdinand est un soldat avant tout. Il est hors de question qu'il s'en aille sans avoir été au chevet du colonel Von Merizzi, blessé à ses côtés, sous son commandement. Le cortège fera un crochet vers l'hôpital avant de quitter la ville.

Von Bardoff confirme le changement d'itinéraire au commissaire Gerde qui acquiesce, monte dans le véhicule de tête mais, aussi incroyable que cela puisse paraître, oublie d'en avertir son chauffeur.

Le comte Harrach tient à monter sur le marchepied pour faire rempart de son corps. Il décide de se placer du côté gauche, celui d'où est partie la bombe.

Le cortège s'ébranle pour retraverser la ville d'est en ouest. Après avoir longé le quartier du bazar, la voiture de tête tourne à droite et s'engage dans la rue François-Joseph, suivie de la voiture du couple présidentiel. Potiorek apostrophe le chauffeur : « Pas par-là ! Il faut continuer sur le quai ! » Le chauffeur se met au point mort et l'automobile est lentement repoussée sur le quai.

C'est l'occasion qu'attendait Princip qui s'est posté au début de la rue, sous l'auvent d'une boutique, sur le trottoir de droite. Il rattrape la voiture au moment où elle s'arrête, dégaine son pistolet et tire deux fois à bout portant. Harrach, debout sur le marchepied gauche assiste horrifié et impuissant à la scène.

Dans sa déposition, Potiorek déclarera « être resté assis, pétrifié, les yeux rivés sur le visage du tueur tandis que les coups étaient tirés, sans qu'il ne voie ni fumée, ni éclair, sortir du canon, n'entendant que des sons assourdis comme de très lointaines détonations ».

On peut croire tout d'abord que le tueur a manqué sa cible, car les deux victimes restent immobiles, assises bien droites sur la banquette. En réalité, la première balle a traversé la porte du coupé et touché la duchesse à l'abdomen, sectionnant l'artère gastrique. La seconde a atteint l'archiduc au cou, arrachant la veine jugulaire.

Derrière la voiture, la foule s'est refermée sur Princip. L'arme est arrachée de sa main au moment où il lève le bras pour se tirer une balle dans la tempe. De même pour le sachet de cyanure qu'il tente d'avaler. Il est frappé à coups de poing, de pied, de canne, et aurait été lynché si des policiers n'avaient réussi à l'arracher à la foule.

Il est 11 heures du matin quand l'héritier présomptif du trône des Habsbourg meurt. Le glas se met à retentir dans toute la ville.

Sans revenir sur les responsabilités politiques qui ont entraîné les États dans une boucherie catastrophique et ont abouti à l'effacement de quatre empires, l'attentat de Sarajevo demeure une des causes immédiates de la Première Guerre mondiale. D'un point de vue policier, il est incontestable que l'administration austro-hongroise porte une lourde responsabilité car il lui aurait été aisé de mettre en échec les apprentis terroristes. Mais l'administration autrichienne était devenue une administration d'insouciance, d'irresponsabilité et d'habitude. Ce mortel laisser-aller a plongé le monde dans le chaos.

Bien sûr, il y a les hommes, et l'incompétence de Gerde finit par être suspecte. La protection personnelle de l'archiduc est absente. Potiorek n'est pas exempt de tout reproche et il est inconcevable que Princip n'ait pas été mis sous surveillance. Fiché comme activiste, Princip est à Sarajevo depuis le 15 juin avec des comparses qui déambulent de troquet en bistrot avec un arsenal en poche, et rien n'est mis en œuvre pour les surveiller ou les interpeller. Après le premier attentat, Potiorek et Gerde assurent François-Ferdinand que tout danger est écarté. Mais Potiorek ne propose même pas une escorte à cheval qui aurait encadré le véhicule de l'archiduc. De même, pour un professionnel de la sécurité, Gerde n'a pas l'idée, pas plus que la sécurité de l'archiduc, de mettre un garde du corps du côté droit de l'automobile. Comme si cela ne suffisait pas, il oublie d'informer le conducteur du changement d'itinéraire. La nationalité hongroise de Gerde n'en fait pas un complice mais son comportement reste un mystère. Mais, comme l'écrivait Raymond Aron : « Il ne faut jamais sous-estimer la bêtise comme facteur d'explication historique ! »

CHAPITRE 10

La sécurité laissée au hasard

L'attentat contre Paul Doumer 6 mai 1932

Revenons en France. Si les journaux de l'époque se sont émus de l'assassinat de Sadi Carnot, en revanche aucun d'entre eux n'a remis en question l'absence flagrante de protection, voire une défaillance quelconque des services de sécurité. C'est comme si la protection des personnalités était laissée au hasard, à la chance. Plus de trois décennies s'écoulent avant qu'apparaisse un service de protection exclusivement dédié à l'Élysée. En 1929, un pas timide est franchi dans le bon sens avec la désignation du contrôleur général Charles Sisteron chargé « de l'organisation des mesures d'ordre et de sécurité nécessitées par les voyages du président de la République, les voyages officiels ainsi que les voyages des souverains venant en France ». Mais, ces prérogatives ne s'exercent qu'en dehors du département de la Seine, celui-ci demeurant de la compétence exclusive du préfet de police. C'est un début, loin d'être parfait, mais qui ne passe pas inaperçu puisque le président Paul Doumer, élu le 13 mai 1931, s'étonne des mesures d'ordre prises lors de ses déplacements. Elles lui semblent excessives et superflues. « À mon âge, aime-t-il répéter, ce serait une belle fin que de mourir assassiné », avant d'ajouter que « pour bien vivre, il faut toujours être prêt à bien mourir ». Le destin lui donnera malheureusement entière satisfaction. D'une grande rigueur morale, le sens du sacrifice n'est pas une notion abstraite pour cet homme qui a perdu quatre de ses fils pendant la Grande Guerre. Il souhaite offrir à la fonction présidentielle un prestige moral et un rôle moins politique. Son goût pour l'inauguration d'expositions et sa présence aux cérémonies ne sont pas étrangers à l'image que l'on peut avoir des présidents de la IIIe République et seraient à l'origine de l'expression « inaugurer des chrysanthèmes ».

Paul Doumer est-il menacé ? Au début du mois de mai 1932, un commissariat du VIIIe arrondissement de Paris reçoit une lettre du colonel russe Fédossenko de retour de Berlin annonçant la préparation d'un attentat contre le président de la République. Cela n'empêche pas Paul Doumer, le 6 mai de se rendre à l'inauguration du Salon des écrivains combattants, à l'Hôtel de Rothschild. Arrivé le premier, un visiteur russe est accueilli par ces mots malheureux : « Vous êtes notre premier visiteur ! Vous allez nous porter bonheur ! » L'homme achète deux livres et attend sans être inquiété un seul instant.

À 15 heures, lorsque le président de la République arrive, le directeur général de la police municipale, Paul Guichard, et le commissaire divisionnaire Serge Leroux, du service de protection de l'Élysée, repoussent la foule. La main du destin s'interpose et, d'un geste, Paul Doumer les écarte ; il n'aime pas être entouré par une sécurité intrusive et entend se mêler à la foule. « J'aime mieux être bousculé que de faire bousculer les autres », est une autre de ses phrases préférées. Il traverse une première salle et va pénétrer dans la seconde quand deux coups de feu claquent. Il s'écroule. Trois autres coups de feu retentissent avant que Paul Guichard ne parvienne à désarmer l'assassin. Trois balles restaient encore dans le chargeur du pistolet utilisé par le tueur, un Browning M1910 de calibre 7,65[1]. On l'aura compris, l'homme qui vient d'abattre froidement Paul Doumer n'est autre que le mystérieux visiteur russe répondant au nom de Pavel Gorgulov. C'est un tueur prévoyant ; on retrouvera dans ses poches un autre

1. L'arme est conservée au musée de la Préfecture de police.

automatique, un 6,35 mm, et deux chargeurs supplémentaires pour le Browning. Autant dire qu'il ne serait pas passé à travers une fouille en bonne et due forme… s'il y en avait eu une. Paul Doumer rendra son dernier souffle à l'hôpital Beaujon, le 7 mai.

Le début des années trente marque une période charnière pour la protection des chefs d'État en France. L'assassinat de Paul Doumer est considéré par nombre d'historiens comme le passage du régicide solitaire au meurtre-complot, bien que cette approche ne fasse plus l'unanimité. Qui donc est Paul Gorgulov, ce réfugié russe qui finira guillotiné ? S'agit-il d'un tueur isolé ou l'assassin est-il le bras armé d'une organisation politique cherchant à abattre la République ? Les avocats du Russe tentent d'exploiter la thèse de l'acte isolé relié à une explication d'ordre psychiatrique. L'assassin a été grièvement blessé à la tête par un éclat de grenade au début de la Première Guerre mondiale. Pourtant, l'expertise médicale aboutit à la conclusion que Gorgulov, tireur isolé, était pleinement responsable de ses actes, même si le constat fut contesté par une contre-expertise affirmant que l'accusé était un psychopathe délirant.

Or, le crime d'un isolé paraît incompatible avec le contexte de 1932 où la recherche de complicités et d'une organisation susceptible de vouloir la guerre via un agent manipulé se fait jour. Gorgulov n'a-t-il pas spontanément déclaré avoir tué Paul Doumer pour que la France déclare la guerre à la Russie ? Les pouvoirs publics, comme l'opinion, partent à la recherche d'un complot ourdi contre le président ou contre la République. Des États sont rendus responsables de la mort de Doumer. On ne peut se satisfaire, comme à l'époque de Sadi Carnot, d'un meurtre, simple régicide commis par un anarchiste étranger. N'oublions pas que le rôle de la propagande et de la manipulation de l'opinion marche à plein régime à l'ère où les hommes politiques commencent à tenir compte des opinions publiques. Se met alors en mouvement une dichotomie entre le fait brut, le meurtre, et les lectures du crime. Lors de ses obsèques nationales, André Tardieu président du Conseil et ministre de l'Intérieur, prononce un éloge du défunt qui doit insuffler un esprit d'union sacrée et de communion dans le recueillement à travers tout le pays. En tuant Doumer, Gorgulov a tué l'incarnation de la IIIe République et a acquis le statut de régicide républicain. L'attentat ne peut plus être l'acte d'un dément mais le fruit de machinations cherchant à déstabiliser la France républicaine. Pour certains, à droite, il s'agit d'un complot rouge ourdi par l'Internationale communiste ; pour d'autres, à gauche, il s'agit d'un complot blanc, dénoncé par l'Internationale communiste et le Parti communiste, fomenté par un contre-État des Russes blancs réfugiés en France ; une minorité défend la thèse d'un complot brun dans la main des nazis ; enfin quelques-uns, et ils sont minoritaires, voient ce meurtre tel qu'il est, à savoir un acte purement individuel commis par un individu dérangé.

La qualité de la victime et de son assassin ajoute un surcroît de sens dramatique. La représentation posthume de Paul Doumer touche aux fondements du modèle républicain : un homme d'origine modeste, fils d'un poseur de rails à Aurillac, s'élève par son seul mérite et paie l'impôt du sang par le sacrifice patriotique de quatre de ses fils. La nation tout entière peut se reconnaître dans cette image magnifiée. On n'est plus dans le hasard, la destinée ou la chance, mais on est quasiment dans une sorte de religion républicaine où Gorgulov, en assassinant « l'auguste vieillard » a tué le père de la patrie, l'incarnation de la IIIe République. Quant à Gorgulov, il réunit contre lui tous les critères de xénophobie et d'antisémitisme présents au cours de cette période. Quatorze ans après la « Der des ders », le monde passe de l'après-guerre à un nouvel avant-guerre en pleine et inexorable montée des fascismes.

Dans son livre *Le Meurtre politique : du tyrannicide au terrorisme* (1992), Franklin L. Ford estime que cette période marque l'invention du crime politique moderne où se noue le lien entre la violence politique et les États. D'un côté, avec la montée des fascismes, les États vont pratiquer une diplomatie de la terreur en aidant des groupes séparatistes à déstabiliser la construction européenne telle qu'elle résulte des traités ayant mis fin à la Première Guerre mondiale. De l'autre, les États vont devoir organiser la sécurité des personnalités de premier plan.

Cette fois, les autorités françaises seront un peu plus réactives. Dans un décret du 31 mai 1932, la protection du président de la République est de nouveau confiée au préfet de police. Un second décret, daté du même jour, règle les problèmes de compétence entre la préfecture de police et la Sûreté nationale : désormais, lors des déplacements du président de la République en province, les fonctionnaires parisiens seront sous les ordres du contrôleur général de la Sûreté nationale chargé des voyages officiels. Une fois de plus, le texte souffre d'imperfections originelles car il ne concerne que le chef de l'État français. Le législateur ne prend pas tout de suite la mesure des multiples conséquences que peut avoir l'assassinat d'un dirigeant étranger de premier plan. Une fois de plus, on a le sentiment que la sécurité des personnalités ne repose que sur la chance. L'assassinat du roi Alexandre Ier de Yougoslavie par un extrémiste macédonien le 9 octobre 1934 à Marseille va, en quelque sorte, réveiller les consciences.

CHAPITRE 11

« La France vous aime, Majesté »

L'attentat contre le roi de Yougoslavie
Marseille, 9 octobre 1934

Ce jour-là, le croiseur *Dubrovnik* entre dans le port de Marseille, salué par plusieurs salves d'honneur. Le bourdon de Notre-Dame-de-la-Garde sonne à pleine volée, relayé par les cloches des églises environnantes. Le roi Alexandre Ier débute à Marseille une visite officielle en France. À 16 heures, il est accueilli au pied de la passerelle par le ministre des Affaires étrangères, Louis Barthou. De nombreux journalistes français et étrangers ont été conviés à l'événement, et pour la première fois des caméras vont filmer un attentat politique en direct qui sera retransmis via la source d'informations privilégiée de l'entre-deux-guerres que sont les actualités cinématographiques.

Le consul de Yougoslavie est inquiet des menaces possibles qui planent sur la tête du souverain. Il estime que le programme de la visite marseillaise est trop chargé et dénonce les failles d'une sécurité qui lui paraît inexistante. Mais Alexandre Ier ne veut rien changer au protocole prévu et refuse de porter un gilet pare-balles. Il est conforté à son arrivée par les mots de bienvenue de Louis Barthou : « La France vous aime, Majesté, vous ne risquez rien ! »

Les personnalités embarquent dans une voiture Delage noire. Une foule compacte s'est massée tout le long de l'itinéraire.

La foule est proche, trop proche. Les policiers jalonnant l'itinéraire lui tournent le dos pour favoriser le passage du cortège. L'hymne national français est à peine exécuté que le convoi se met en mouvement, très lentement, sans même attendre que l'on joue l'hymne yougoslave. Pour la réussite de la visite, il fallait voir le roi, le montrer. La voiture est découverte, sans protection particulière. Flanquée de deux officiers à cheval de part et d'autre, elle roule à 8 km/h.

Devant le palais de la Bourse, sur la Canebière, un homme sort de la foule, passe sous l'encolure d'un cheval de l'escorte et court vers la voiture en criant : « Vive le roi ! » Le service d'ordre marque un temps d'arrêt. L'homme en profite pour sauter sur le marchepied, s'agrippe à la portière de la main gauche et de la droite tire de sa ceinture un pistolet automatique Mauser. Il ouvre le feu. À deux reprises. Le roi est touché en pleine poitrine. Le général Georges tente de s'interposer, il est grièvement blessé par le terroriste qui de nouveau appuie sur la détente. L'agent de police qui essayait de le ceinturer est tué. Le chauffeur, Froissac, qui a immédiatement arrêté la voiture, tente de désarmer l'agresseur alors que le lieutenant-colonel Jules Piollet, de la garde d'honneur, fait virevolter sa jument et abat son sabre à deux reprises sur le crâne de l'agresseur. Dans la confusion générale, les policiers yougoslaves intégrés dans le cortège font feu en direction de l'agresseur dès les premières détonations. Ce qui conduit les policiers français à riposter, croyant avoir affaire à des conjurés. Les policiers tirent dans tous les sens, de manière désordonnée. Des hommes se précipitent sur l'assassin pour le neutraliser... La foule hurle et essaie de se mettre à l'abri. Les tirs atteignent plusieurs personnes ainsi que le ministre Louis Barthou. Non seulement il est atteint par une balle française qui lui tranche l'artère humérale, juste au-dessus du coude, mais sur place, comble de malchance, on lui fera un garrot au niveau du poignet. Louis Barthou décédera de ses blessures mais il n'est pas le seul. Une femme est tuée à proximité du convoi officiel et de nombreuses personnes blessées. « Nom de Dieu ! Cessez le feu ! », hurle le lieutenant-colonel Piollet en tentant de ramener un semblant d'ordre. L'assassin, criblé de balles, est traîné au poste de police du square voisin. Il mourra quelques heures plus tard dans les locaux de la Sûreté. Il est identifié grâce à son passeport qui s'avérera faux, comme étant Petrus Kelemen né à Zagreb.

On relèvera dix blessés au sein du cortège royal et neuf autres dans la foule, dont quatre mourront des suites de leurs blessures. Le ministre de l'Intérieur et le directeur de la Sécurité nationale démissionneront, le préfet sera suspendu et plusieurs dirigeants de la Sécurité seront mis à la retraite d'office après ce fiasco retentissant. Fiasco doublé d'un séisme politique dans cette Europe à l'équilibre précaire ; personne n'a oublié Sarajevo et ses terribles conséquences.

Et pourtant, l'État français a mis les moyens ! Deux mille personnes – si l'on fait le décompte de toutes les forces civiles et militaires – avaient pour mission de protéger l'intégrité physique du roi de Yougoslavie. Malgré cela, en l'absence de coordination de ces deux mille hommes, une personne seule a réussi à commettre l'impensable. Ce jour-là, la baraka était du côté des conjurés. Cependant, lorsqu'on lit le rapport d'Antoine Mondanel, contrôleur général des services de recherches judiciaires au ministère de l'Intérieur, chargé de l'enquête, on s'aperçoit que le destin n'y était pour rien. En revanche, le meurtrier et ses complices ont fait preuve d'un professionnalisme exceptionnel qui confirme la théorie de Napoléon selon laquelle la chance implique une préparation sans faille.

L'autopsie de l'assassin révèle un homme d'une quarantaine d'années, à la forte corpulence, vêtu sans recherche et porteur sur la poitrine d'un tatouage : « Une couronne de cinq ou six centimètres de diamètre, deux tibias croisés avec au-dessus une tête de mort avec des initiales signifiant la liberté ou la mort. » Il s'agit de l'emblème des comitadjis macédoniens, des insurgés nationalistes. Contactée, l'ambassade yougoslave à Paris confirme que le passeport est faux. L'enquête détermine très rapidement que celui qui se fait appeler Kelemen avait quatre complices. Lors de l'autopsie, les enquêteurs constatent que les vêtements du meurtrier sont étiquetés La Belle Jardinière, du nom du grand magasin parisien. De rapides vérifications attestent que l'acquéreur y est venu avec quatre personnes. Les signalements sont diffusés, les postes frontières mis en alerte et deux étrangers venant de Fontainebleau sont interpellés à Annemasse.

Mais revenons sur le contexte historique. Le 6 janvier 1929, le roi Alexandre Ier dissout le parlement yougoslave, abolit la constitution et installe à Belgrade un régime autoritaire. La Hongrie donne asile au journaliste croate Gustave Percec, rédacteur en chef du journal séparatiste croate, et quelques autres adversaires de la Grande Serbie. Ces militants ont pour chef Ante Palevic, installé à Vienne et chef du groupe séparatiste croate l'Oustacha[1], organisation qui deviendra célèbre dans les années quarante pour sa collaboration avec l'Allemagne nazie. Ils veulent faire de la Croatie un pays indépendant. Palevic sollicite le concours de l'Organisation révolutionnaire intérieure macédonienne l'ORIM, dirigée par Yvan Mihailov, résidant en Bulgarie. Ils se rencontrent à Rome et trouvent l'appui du gouvernement fasciste italien favorable à la désagrégation de la nouvelle Yougoslavie issue de la Première Guerre mondiale. Palevic fixe sa résidence à Bologne et organise deux camps d'entraînement d'Oustachis en Italie – à Pontechio près d'Arezzo et à San Demetrio en Calabre – et un troisième en Hongrie, à proximité de la frontière yougoslave, dans un endroit appelé Janka Puszta. C'est en ce lieu que sont groupés, sélectionnés et entraînés au tir au revolver et au lancement de bombes à main les Oustachis désignés pour commettre des actes terroristes. Le chef de ce camp hongrois n'est autre que le journaliste croate Gustave Percec qui habite avec sa maîtresse un confortable château appartenant à un comte hongrois. À l'annonce de la visite officielle en France du roi de Yougoslavie arrive au camp hongrois un terroriste expérimenté du nom de Suck, chargé d'entraîner de manière intensive les hommes désignés pour se rendre en France et tuer le roi Alexandre Ier. Pour bien les pénétrer de leur mission, les

1. Oustacha : terme signifiant insurrection en croate.

exercices de tir ont lieu sur des cibles à l'effigie du monarque. Tous ces préparatifs sont accomplis avec la complicité des autorités hongroises – le gouvernement hongrois veut une revanche au traité de Trianon – et celle de deux diplomates italiens, Cortesi et Jacomini, désignés par le gouvernement fasciste pour assister les Oustachis et faciliter la réalisation de leurs projets criminels.

Les deux conjurés arrêtés à Annemasse par la police française sont très diserts et expliquent dans le détail avec quel soin minutieux ils ont organisé en France l'attentat du 9 octobre 1934[1] : au milieu du mois de septembre 1934, trois Oustachis, Pospisil, Rajic et Malny, quittent Janka Puszta munis de passeports hongrois et se rendent à Zurich. À la gare de cette ville, ils retrouvent leur entraîneur au tir, le soi-disant Suck, accompagné d'un jeune homme de grande taille. Il leur est présenté sous le nom de Kramer, délégué spécial d'Ante Palevic, désigné pour les conduire en France. Ils prennent le train pour Lausanne, s'installent à l'hôtel des Palmiers puis vont acheter des vêtements neufs, des chaussures et des chapeaux pour faire bonne figure au milieu de la foule.

Le 28 septembre, Kramer remplace leurs passeports hongrois par des passeports tchécoslovaques. Aucune place n'est laissée au hasard, la nationalité tchécoslovaque a été choisie en raison des dispositions contenues dans un accord franco-tchécoslovaque, dispensant les porteurs de ces titres de circulation de solliciter un visa consulaire pour pénétrer en France. Ils décident d'entrer en France en se mêlant à la foule des frontaliers qui empruntent le bateau traversant le lac Léman et reliant Lausanne à Évian, où les contrôles sont superficiels, à la différence d'un train express à destination de Paris qui les aurait soumis à un contrôle strict lors du passage de la frontière. Trois terroristes descendent à Évian et deux autres à Thonon. Ils se retrouvent dans le train pour Paris mais, au lieu de descendre dans la capitale, en vue de se soustraire à un éventuel contrôle en gare

1. « Notes sur l'attentat de Marseille », rapport d'Antoine Mondanel, ministère de l'Intérieur.

de la part de la police parisienne, ils descendent à Fontainebleau d'où ils gagnent Paris. Ils séjournent dans trois hôtels différents et, pour ne pas attirer l'attention, changent d'établissement tous les jours. Ils achètent des costumes neufs à La Belle Jardinière.

Le 5 octobre, ils se réunissent dans un café proche de la gare Saint-Lazare. Kramer leur présente Maria Voudracek, une jeune femme blonde très élégante qui doit se rendre dans le Midi de la France. Puis il donne ses instructions : les Oustachis Pospisil et Rajic restent à Paris afin d'y tuer le roi de Yougoslavie, dans le cas où cela ne pourrait se faire à Marseille. Quant à Suck et Malny, ils partent avec lui pour les Bouches-du-Rhône en prenant maintes précautions pour échapper aux contrôles. Arrivés à Avignon, ils prennent trois chambres dans deux hôtels différents. Toute la journée du 6 octobre se passe dans cette ville où ils rencontrent Maria Voudracek qui leur présente son mari.

Le 7 octobre, ces cinq personnes voyagent en deux groupes et partent pour Aix-en-Provence. À la gare, Kramer hèle un taxi dans lequel il prend place avec Suck et Malny en donnant au chauffeur l'adresse de deux hôtels. En cours de route, Kramer fait arrêter le taxi au bord du trottoir où attend Maria Voudracek ayant à ses côtés quatre valises qu'elle entasse dans l'automobile avant d'y prendre place. Elle demande au chauffeur de l'arrêter dans un hôtel de grand luxe, emporte avec elle deux valises et laisse les deux autres aux Oustachis. Ces mallettes contiennent les armes nécessaires à la réalisation de l'attentat.

Pendant la nuit du 7 au 8 octobre, Suck et Malny qui n'ont pris qu'une seule chambre pour deux, ouvrent les valises, y prennent revolvers, cartouches et bombes à main. Toutefois, ne pouvant porter sur eux toutes les armes contenues dans les malles, ils dissimulent le surplus dans le sommier de leur lit d'hôtel.

Le 8 octobre dans la matinée, Kramer, Suck et Malny partent en car pour Marseille. Ils reconnaissent l'itinéraire, publié par les journaux, que devrait suivre le roi de Yougoslavie et, pour perpétrer leur attentat, choisissent un emplacement près de la Bourse, sur l'avenue de la Canebière. Séparément, le couple Voudracek se déplace jusqu'au chef-lieu des Bouches-du-Rhône en vue d'y acheter, de manière ostentatoire, différents vêtements féminins pouvant justifier, éventuellement, leur venue dans la ville. Après le déjeuner, les cinq personnes rentrent à Aix-en-Provence où restent les deux terroristes Suck et Malny, désignés pour commettre l'assassinat prévu. Les trois autres complices repartent pour Avignon où ils prennent le train pour la Suisse.

Le 9 octobre, Suck et Malny, après avoir fait la grasse matinée et pris un bon déjeuner, retournent en car à Marseille au début de l'après-midi. Ils se fondent dans la foule à l'endroit repéré la veille et attendent le passage du cortège royal. Suck passe à l'action et tue le roi de Yougoslavie. C'est lui le porteur du passeport au nom de Kelemen. En fait, il s'agit de Vlado Tchernozemski, le chauffeur de Mihailov, le chef de l'ORIM. Ce dernier l'avait placé sous les ordres de Palevic en raison de sa grande expérience du terrorisme.

Pendant que l'on s'affaire autour du roi, de Louis Barthou et du corps de l'assassin, Malny qui n'a pas eu à intervenir reprend une nouvelle fois, en car, la route d'Aix-en-Provence. Il ne s'y attarde pas et, en taxi, se fait conduire à Avignon d'où, par le train, il monte à Paris. De là, une fois encore, il gagne Fontainebleau. Remarqué dans la gare de cette ville, il parvient à échapper aux recherches durant deux jours en se cachant dans la forêt. Il est appréhendé alors qu'il cherche à s'alimenter à l'orée du bois. Il passe spontanément aux aveux et révèle que durant leur séjour à Lausanne, son groupe avait déposé à la consigne de la gare, une valise bourrée d'armes diverses. L'information est donnée à la police vaudoise qui met la main sur l'arsenal. Reste maintenant à mettre la main sur le couple Voudracek qui a introduit en France les armes utilisées pour accomplir le crime. Quant à Kramer, dont la véritable identité est Eugène Kvaternik, il est allé se réfugier en Italie auprès de Palevic.

Une demande officielle adressée par la police française au sénateur italien Arthuro Bochini, chef de la police fasciste, met l'Italie dans un grand embarras, étant donné le rôle joué par ce pays dans cette tragédie. D'autant plus que le revolver utilisé par l'assassin provient d'une armurerie italienne. Toutefois, la presse internationale ayant fait une large publicité à cette affaire, la police du Duce, cherchant à écarter les lourds soupçons pesant sur l'Italie, se trouve moralement contrainte de faire arrêter Palevic et Kvaternik. Mais la police italienne refuse de collaborer plus avant avec la France et s'oppose à ce que les deux instigateurs soient entendus par les policiers français. Les deux Oustachis incarcérés nient toute participation à l'attentat. L'extradition est refusée et les deux mis en cause sont libérés.

La police hongroise refuse à la police française l'accès au camp de Janka Puszta. Comme pour l'Italie, le tapage médiatique autour de cette tragédie amène les Hongrois à faire arrêter l'oustachi Servazzi qui a succédé à Percec dans la direction du camp, mais son audition, comme on pouvait s'y attendre, n'apportera rien à l'instruction.

Le couple Voudracek n'est pas identifié dans les semaines qui suivent l'attentat. Il faudra attendre beaucoup plus tard pour que les autorités françaises apprennent qu'il s'agissait de Croates habitant Chicago, du nom d'Antun et Stana Godina.

Pierre Laval remplace Louis Barthou aux Affaires étrangères et tente un rapprochement avec l'Italie. Il exerce des pressions sur le gouvernement de Belgrade pour que la reine Marie retire sa plainte avec constitution de partie civile devant la cour d'assises d'Aix-en-Provence. Ce qui met un terme à la procédure judiciaire. Plus grave, le rapport d'expertise du 9 octobre 1934 établit avec certitude que la balle qui a touché Louis Barthou provient bien d'une arme de la police française. Cette vérité factuelle dérange le milieu politique et diplomatique et on va vite la remplacer par une vérité relative encourageant le caprice du destin : « Barthou venait d'être abattu par un terroriste croate qui avait assassiné le roi de Yougoslavie. Le drame balkanique s'était transféré à Marseille et avait tué dans un même élan le roi, hôte de la France, et le ministre des Affaires étrangères qui l'avait accueilli. » La consigne diplomatique vise à souligner l'amitié entre la France et la Yougoslavie renforcée par le même deuil et à dissimuler, lors du procès qui s'est déroulé à Aix-en-Provence, à la fois l'implication de l'Italie et la négligence policière dans la réussite de l'attentat.

La vérité a été sciemment dissimulée et déformée jusqu'à ce que l'imposture devienne un fait historique. Il faudra attendre la communication des archives de la police, cinquante ans après les faits, pour découvrir la supercherie.

L'attentat a bouleversé la France et le monde entier. Il n'en faudra pas moins pour que de nouvelles mesures concrètes soient prises pour améliorer la protection rapprochée des personnalités. Le 17 décembre 1934, la fonction de commissaire spécialisé de la Sûreté nationale, chargé de l'organisation des mesures de sécurité dans le cadre des voyages officiels du président de la République et des hautes personnalités étrangères, hors zone de compétence de la préfecture de police, est créée. Et quelques mois plus tard, en mars 1935, sera créé le Service des voyages officiels et de la sécurité des hautes personnalités (SVO-SHP).

CHAPITRE 12

« La chance du diable »[1]

Seul contre le IIIe Reich : Munich le 8 novembre 1939

Les cas étudiés dans cet ouvrage ont été choisis parce qu'ils regroupent quelques-uns des motifs les plus pertinents et certaines des méthodes les plus significatives en matière d'assassinat politique, mais l'attentat commis contre Hitler à Munich, le 8 novembre 1939, est certainement le plus incroyable de tous. Extraordinaire tout d'abord, parce que Hitler n'échappe à l'attentat que par hasard. Celui-ci échoue à la dernière minute en raison des conditions climatiques : l'avion de Hitler ne pouvant décoller à cause du brouillard, le dictateur doit prendre le train et quitte la brasserie une demi-heure avant le moment prévu. La bombe explose dans la brasserie désertée par le Führer, tue huit personnes et en blesse une soixantaine. Incroyable, enfin, quand on sait que c'est un individu solitaire, apprenti menuisier de 36 ans du nom de Georg Elser, qui conçoit et installe l'engin explosif devant tuer le dictateur nazi seulement deux mois après le début de la Seconde Guerre mondiale. L'histoire a même failli oublier ce solitaire, dont le nom a été éclipsé cinq ans plus tard par celui du comte von Stauffenberg, tellement les faits sont prodigieux.

1. Le titre est emprunté au livre de Ian Kershaw, *La Chance du diable, le récit de l'opération Walkyrie.*

Pourquoi ?

Himmler ne pouvait admettre qu'un homme seul ait pu monter une telle machination. Il était persuadé que les services secrets britanniques avaient fomenté l'attentat. C'est la raison pour laquelle Elser fut maintenu au camp de concentration de Sachsenhausen puis de Dachau pendant toute la durée du conflit mondial. Une fois celui-ci gagné, Himmler voulait l'utiliser comme témoin principal, contre les Britanniques. Il le fit tuer quand il devint clair que l'Allemagne allait perdre la guerre.

Les adversaires du IIIe Reich, en particulier les Anglais et les Américains, croyaient que cet attentat était une provocation organisée par les nazis eux-mêmes, comme l'incendie du Reichstag. Et pour preuve, il leur semblait improbable que le Führer ait changé ses habitudes juste le jour de l'attentat et quitté les cérémonies du putsch plus tôt que prévu.

Ce fut la publication, au début des années soixante, des procès-verbaux d'interrogatoires gardés au secret dans les archives du ministère des Affaires étrangères de la République fédérale, qui rétablit la vérité.

« Son action restera mémorable. Au milieu d'un peuple prosterné, d'une Europe irrésolue et tremblante, l'explosion du Bürgerbräukeller fut un éclair dans la nuit. C'est un événement plus grand que le mot qui le nomme. Contre la tyrannie, un homme s'était dressé. Pour l'honneur de l'humanité, un homme avait osé[1]. »

Au risque de se répéter, l'attentat commis par Elser est la plus incroyable des actions solitaires, à la fois dans la minutie de la préparation et dans l'amateurisme de sa fuite.

Le 8 novembre 1939, peu de temps avant 20 heures, un homme effacé, en costume bleu sombre et pull-over brun, les cheveux coiffés en arrière, le visage émacié, descend d'un wagon de troisième classe en gare de Constance. Il va franchir la frontière

1. André Bogaert, professeur d'allemand à l'université catholique d'Angers.

suisse quand deux douaniers qui écoutent la retransmission du discours d'Adolf Hitler à la TSF le contrôlent. Il se laisse conduire au poste de garde tandis que la voix rauque du Führer déverse ses exhortations et ses harangues. Elser écoute calmement avec un petit sourire de contentement. Il sait qu'à proximité de Hitler le mouvement d'horlogerie commandant l'explosion des 50 kilos de donarite[1] décompte le temps. Il a toutefois un mouvement de recul quand retentissent les premières mesures de l'hymne national *Deutschland über alles*, suivies du martèlement du *Horst-Wessel-Lied*, l'hymne du Parti national-socialiste des travailleurs allemands. Au milieu d'un tonnerre d'applaudissements, Hitler quitte la salle, suivi des dignitaires du parti nazi. Il est 21 h 07, la bombe doit exploser à 21 h 25 alors que, tous les ans depuis 1923, Hitler parle devant ses inconditionnels soutiens suivant un emploi du temps immuable. Hitler est friand des commémorations et des spectacles grandiloquents qui libèrent les émotions des participants.

C'est dans cette salle immense du Bürgerbräukeller, au milieu des odeurs fades de bière et de tabac refroidi, qu'Adolf Hitler a fait irruption un soir du 8 novembre 1923, pistolet au poing, tirant au plafond et déclarant déchu le gouvernement des « juifs de Weimar ».

Peu de temps avant 20 heures, le commissaire d'État von Kahr avait pris possession du podium et parlait du danger du marxisme devant trois mille Munichois quand, à la porte, des bruits confus se firent entendre. Hitler, redoutant que von Kahr ne proclame à son profit l'indépendance de la Bavière, pénétra de force dans la salle à la tête d'un commando d'intrépides casseurs. Il escalada la tribune, proclama « ouverte la révolution nationale » et déclara « hors-la-loi le président Ébert ». Pendant ce temps, une bande de six cents nervis des sections d'assaut (SA), sous les ordres de Goering, cernaient l'immeuble. Hitler prit la parole et renversa totalement la situation. Usant tour à tour d'une voix

1. Explosif industriel composé de 70 à 80 % de nitrate d'ammonium, de 15 à 25 % de trinitrotoluène et de 5 % de nitroglycérine.

douce et modérée, forte et convulsive, pathétique et impérieuse, il fit changer d'avis et retourna, par la magie du verbe, un panel de gens importants et respectables. Puis, par les ravissements et les transports où son esprit demeurait suspendu et par une tension permanente accroissant le délire de la foule et sa propre extase, il appela de ses vœux la naissance d'un ordre nouveau, il évoqua la révolution nationale, il en brossa un tableau idyllique qui culmina en la vision d'une Allemagne de la puissance, de la grandeur et de la magnificence, une envolée qu'il ponctua, comme l'orateur sacré du haut de sa chaire, d'un surprenant « Amen ! ».[1] Hitler revendiqua la présidence du conseil et répartit les postes et les prébendes. Le lendemain, une marche triomphale devait conforter les putschistes. Or pendant la nuit, les officiers de von Lossow avaient désavoué leur général et refusé de mêler leurs soldats aux aventuriers de Goering. Quant à von Kahr, il fut sommé par Berlin de « s'opposer à Hitler par tous les moyens ». Il fit apposer sur les murs de Munich un communiqué surprenant, attestant que « les déclarations arrachées sous la menace d'un revolver sont nulles et non avenues ». Malgré tout, trois mille SA, avec Hitler à leur tête, marchèrent vers le centre de la ville. La colonne se heurta au barrage de la police qui mit en joue. Les manifestants continuèrent d'avancer. Les premières balles furent tirées. Goering fut blessé au ventre. Hitler, précipité à terre par un compagnon mortellement atteint, se releva et s'enfuit dans une camionnette. La marche glorieuse se terminait par une épaule luxée, un humérus brisé, un traumatisme nerveux, et par son incarcération dans la forteresse de Landsberg en compagnie de son éternel second, Rudolph Hess. C'était cette farce bouffonne que Hitler célébrait tous les ans depuis 1923. Il parlait suivant un horaire immuable de 20 h 30 à 22 heures. C'était ainsi tous les ans, mais pas cette année-là.

Ce soir du 8 novembre 1939, malgré la guerre, en dépit de communiqués contradictoires annonçant puis démentant sa venue, le Führer se tient là, devant eux. Il commence son discours

1. André Bogaert.

mais une demi-heure plus tôt, ne parle que quarante-cinq minutes et quitte la salle avec une telle précipitation que la serveuse n'a même pas le temps d'encaisser les consommations. Ce départ précipité n'a rien à voir avec une quelconque prémonition ou un sens divinatoire exacerbé tel que le pouvoir nazi saura utiliser les attentats manqués à des fins de propagande : Hitler est le survivant miraculeux, la figure immortelle, invulnérable, choisie par la destinée plutôt que par la chance. En fait, le brouillard interdisant tout vol de nuit, Hitler veut tout simplement attraper le train de Berlin à 21 h 31.

La salle se vide rapidement. Seuls quelques vieux compagnons s'attardent encore. La serveuse débarrasse la table du Führer quand un souffle violent l'emporte. Elle git devant la porte d'entrée sous les décombres, dans un amas de poutres, de meubles, de chopes et de guirlandes. La bombe fait huit morts et soixante-trois blessés.

Pendant ce temps, une fois le discours du Führer terminé, le chef de poste des douanes, un dénommé Straube, se tourne vers l'individu qui veut se rendre en Suisse. Il lui fait vider ses poches et découvre des objets bien insolites : une pince coupante, des morceaux de laiton, un ressort d'horlogerie, un tube d'aluminium, une capsule qu'un homme du poste reconnaît aussitôt comme un détonateur, une carte postale représentant la salle du Bürgerbräukeller à Munich et, sous le revers du veston, un insigne communiste du RFK[1].

À 21 h 15, Elser est amené à Otto Grethe, de service de nuit à la Gestapo. Le suspect a l'air bien inoffensif mais ses explications deviennent de plus en plus confuses. Non, il ne veut pas passer en Suisse ; en fait, il cherchait M. Feuchtlheimer, le président d'un groupe folklorique, et s'est égaré.

Après vérifications, il existe bien un Feuchtlheimer, mais il habite près de la gare. Comment se fait-il qu'ayant séjourné à

1. RFK : Roter Front Kämpferbund : association de combattants du front rouge fondée en 1924 par les communistes.

Constance pendant sept ans, il se soit trompé à ce point ? Elser s'enferre et convient qu'il voulait bien passer en Suisse.

Pourquoi voulait-il passer en Suisse ? Le menuisier avoue qu'il ne veut plus payer la pension alimentaire de son fils illégitime, Manfred, qui se monte à 45 marks par mois.

À 21 h 45, Grethe reçoit une dépêche annonçant l'attentat contre le Führer et la fermeture de tous les postes frontières. Elser demeure impassible, ce qui ébranle Grethe : peut-on concevoir que l'auteur d'un attentat ait pu être arrêté avant la commission de ce dernier ? Bien sûr, la carte postale, le détonateur, le ressort et la volonté de fuir en Suisse jouent contre le suspect, mais il a l'air si inoffensif.

À 22 heures, Grethe informe toutefois sa centrale de Karlsruhe. Le rouleau compresseur nazi se met en mouvement : tous les parents et connaissances d'Elser sont arrêtés, en même temps que le gérant et les employés du Bürgerbräukeller. Une liste de deux cents suspects est dressée et une prime de 600 000 marks fixée pour toute indication. Le résultat est maigre, pour ne pas dire inexistant.

À Munich, une armée de criminalistes sous la direction d'Arthur Nebe, directeur de la police judiciaire du Reich (la Kripo), travaille jour et nuit sans résultats notables. Himmler s'impatiente. Il confie l'enquête à Franz Josef Huber, un policier confirmé, entré comme officier à la préfecture de Munich en 1922, sous la république de Weimar, et qui œuvre au bureau central de la Gestapo à Berlin. Huber se fait amener Elser. L'interrogatoire est mené de manière plutôt courtoise, ce qui est inhabituel avec la Gestapo dont les nervis frappent les détenus avant de leur poser la première question, « pour les attendrir ». Il faut dire que la première impression d'Huber est favorable au suspect : cet homme n'a rien à voir avec l'attentat. Cependant, ses liens avec le Parti communiste, ses raisons fumeuses concernant sa venue à Munich et ses réponses alambiquées, voire gênées, alimentent ses soupçons.

— Déshabillez-vous ! lance-t-il à Elser décontenancé qui commence à ôter ses vêtements.

— Non, dit Huber, je ne veux voir que vos genoux.

Les jambes du pantalon remontent lentement sur des genoux enflés et contusionnés. La machine infernale ayant été placée au pied de la galerie, il est évident que le travail n'a pu se faire qu'à genoux, pendant un temps assez long. Par conséquent, les articulations doivent en supporter les stigmates. Elser se tait.

— Pouvez-vous nous expliquer pourquoi vos genoux sont tuméfiés ? questionne Huber.

Elser sort de son mutisme.

— Si quelqu'un a fait quelque chose de ce genre, qu'est-ce qui l'attend ?

— Cela dépend de la raison pour laquelle il l'a fait.

— Alors, oui, c'est moi.

Huber appelle Miller, le chef de la Gestapo, qui veut savoir quelle organisation se cache derrière celui que tout le monde ne prend que pour un exécutant.

— Personne, répond Huber.

— Vous expliquerez cela à Himmler.

Hitler, Himmler et Miller ne peuvent concevoir qu'un tel attentat ait été commis sans un réseau de complicités internes ou internationales. Le régime a besoin d'un complot, d'une part pour se débarrasser des opposants et, d'autre part, d'un complot raté pour faire intervenir la Providence : Le Führer est sous Sa protection. Sa personne est sacrée.

Le régime a besoin d'instigateurs de l'étranger, d'une « conjuration de la juiverie internationale » afin de mobiliser la nation allemande contre l'agresseur et de préparer les esprits à la « solution finale ». Goebbels accuse l'Intelligence Service. Deux officiers anglais sont piégés, arrêtés aux Pays-Bas et torturés. Ils seront exécutés à Sachsenhausen sans avoir parlé. Et pour cause, ils n'ont rien à voir avec l'affaire de Munich.

Elser est lui aussi envoyé dans le camp de concentration de Sachsenhausen et interrogé sans relâche, cette fois-ci avec toute la brutalité dont peuvent faire preuve les membres de la SS. Aux coups reçus, il ne peut que répéter la vérité : « Je l'ai fait seul. » Les procès-verbaux d'interrogatoire s'empilent sur le bureau de Himmler avec la même réponse, tant et si bien que le Reichsführer, rageur, demande « qui était le crétin qui conduisait les interrogatoires ». Dans son esprit. Il est inconcevable qu'un homme aussi falot ait pu agir de son propre chef, qu'il ait vécu à Munich de ses 400 marks d'économie, empruntant 15 marks à une amie pour se rendre à Constance. Il y a un chaînon manquant et il faut le trouver.

Arrachée du lit à deux heures du matin, Else, son amie chez qui Elser avait logé de janvier 1936 à janvier 1937, est conduite à Berlin et interrogée sans relâche pendant huit heures. Himmler veut la voir. Impressionnée par cet homme dont elle ne connaît la figure que par les journaux, elle se tient devant lui, tremblante. Le petit homme aux binocles se borne à répéter : « Ce n'est pas lui qui l'a fait. » Il veut bien croire Else à condition qu'elle lui confirme ce qu'il veut entendre, en application de la théorie du psychologue Théodule Ribot[1] selon laquelle « l'homme ne voit que ce qu'il regarde et il ne regarde que ce qu'il a déjà dans l'esprit ». Le fidèle Heinrich est incapable de saisir les motivations profondes qu'un simple ouvrier peut avoir eues pour tuer le Führer tant aimé par son peuple. Else ne peut rien dire car elle ne sait rien.

Le lendemain, elle est amenée devant un homme plongé dans ses dossiers. Quand il relève la tête, elle reconnaît la mèche de cheveux, la petite moustache et, surtout, ce regard perçant et glaçant à la fois.

1. Théodule-Armand Ribot (1839-1916), considéré comme le fondateur de la psychologie comme science autonome en France.

— Mein Führer, voici la femme.

Hitler se montre désagréable. Il cherche à lui faire dire qu'elle était au courant du projet d'attentat. Elle ne peut que répondre : « *Nein, mein Führer*, ce n'est pas vrai. »

Quatre jours plus tard, Else est confrontée à Georges Elser à l'hôtel Kaiserhof. Elle le voit arriver entre deux hommes en uniforme noir de la Gestapo. Son visage tuméfié est boursouflé, son costume est couvert de sang. Elser répète une fois de plus que personne n'était au courant de l'attentat. Il ne veut compromettre personne et surtout pas Else.

Georges Elser est une véritable énigme dans le domaine du terrorisme politique. Comment cet homme effacé a-t-il pu, seul, faire vaciller un régime à son apogée, tant du point de vue international où les victoires militaires s'accumulent, que du point de vue interne où le pays croule sous la chape de plomb du redoutable Office central de la sécurité du Reich (RSHA)[1]. « Il faut que je le fasse. » Il prend sa décision au cours de l'automne 1938 et, à partir de ce moment-là, il se donne entièrement à sa mission. Il conçoit, combine, imagine l'ensemble du projet. En premier, il faut reconnaître les lieux et avoir une connaissance parfaite des circonstances. Il se rend à Munich le 8 novembre 1938 pour voir le déroulement des manifestations du Bürgerbräukeller et le parti qu'il peut en tirer. Comble des paradoxes, il est logé la veille, gratuitement, par le NSDAP (Parti national-socialiste des travailleurs allemands). Il se rend au Bürgerbräukeller pour voir les décorations, la galerie et le podium. Puis, il revient le lendemain et assiste au cortège où parade Hitler.

Il retourne à Munich du 4 au 12 avril 1939 et sympathise avec un serveur à qui il promet 50 marks s'il peut lui obtenir une place de choix pour le 8 novembre. Il fait même une cour

1. Reichssicherheitshauptamt : fusion des organismes de répression d'État : Gestapo, Kriminalpolizei, service de sécurité de la SS, Sicherheitsdienst (SD), placés sous l'autorité de Reinhard Heydrich.

assidue à une serveuse. En vain, parce que le garçon ne donne pas suite et la fille quitte son emploi et disparaît.

De retour au pays, il se fait embaucher dans une carrière et y dérobe 250 disques de poudre noire de 19 mm de diamètre et de 9 mm d'épaisseur, 150 cartouches de donarite et 122 détonateurs qu'il serre dans la caisse à double-fond qu'il a préparée à cette fin. Il vole également trois clignotants de voiture, deux mouvements d'horlogerie et une batterie de 6 volts.

Il cache son projet à tout le monde car le secret est la condition nécessaire de la réussite. Il retourne à Munich en août 1939 et annonce à ses proches qu'il va faire breveter une invention sans préciser de quoi il s'agit.

Lors de ses repérages, il se fait surprendre dans la galerie de la brasserie par un employé qui le dénonce au directeur. Elser s'assoit à une table et fait mine de rédiger un courrier. Le directeur le prie de terminer sa missive dans le jardin. Et c'est tout. Il ne juge pas utile de faire un signalement. Georg a eu de la chance ! Mais désormais, il doit être plus méfiant et met au point une stratégie, toujours la même. Il pénètre dans le Bürgerbräukeller par l'entrée principale, se fait servir à dîner, paye, puis vers 22 heures se glisse dans la salle historique jamais fermée. Il monte dans la galerie, se réfugie dans la remise aux balais et se laisse enfermer dans le bâtiment. Il demeure immobile jusqu'à 2 heures du matin, puis travaille pendant une heure à la lueur d'une lampe de poche masquée par un mouchoir bleu, au percement d'un pilier en bois. À 3 heures, il retourne dans sa cachette, somnole sur une chaise jusqu'à l'ouverture de la brasserie et sort discrètement par la porte de derrière, rue Keller, sans oublier d'emporter dans un carton les détritus qu'il déverse ensuite dans l'Isar, le fleuve de Munich. La difficulté consiste à se laisser enfermer sans être vu, à travailler sans être entendu, à sortir sans être aperçu. Il a découpé le revêtement du pilier sous une baguette d'ornementation qu'il enlève et remet chaque fois pour masquer le trait de scie. C'est un travail minutieux mais il ne faut pas oublier qu'il exerce la profession de menuisier. Il cache la cavité ainsi creusée dans le pilier derrière une porte de métal. Toutes les nuits, pendant trois mois, à la fin de son heure de travail, il ramasse avec soin les débris et nettoie le plancher. Sans incident, enfin presque. Une nuit de novembre 1939, il trouve le placard à balais nettoyé, vidé de ses caisses de carton et de son bleu de travail. Il se croit découvert. Non, la chance ne l'a pas quitté. En fait, la femme de ménage de la brasserie a soigneusement nettoyé la cavité et méticuleusement plié son vêtement.

En attendant, il met au point sa machine infernale dont il peut fixer l'explosion 144 heures à l'avance. Il remplit sa cache d'explosifs au cours de la nuit du 2 au 3 novembre. Le 3, il veut installer les mouvements d'explosifs mais ne peut entrer dans la salle qui malheureusement se trouve fermée. Le samedi 4 novembre, jour de bal, il achète un billet d'entrée, monte à la galerie et cache ses mécanismes dans la remise. Une fois de plus il se laisse enfermer, présente la machine dans l'excavation ; il ne peut l'introduire car elle est trop grande pour l'emplacement. Il ramène la machine à son domicile, lime les angles de l'engin et revient l'installer le dimanche 5. Il met le mécanisme en route et sort le 6 novembre à 6 heures. Le sort en est jeté. Le 7 novembre, par acquit de conscience ou par soin du détail, avec le sérieux de l'amateur ou l'habileté de l'artisan, il revient dans la brasserie, se laisse de nouveau enfermer dans la salle et colle son oreille au pilier. Le tic-tac meurtrier de la machine infernale l'apaise. Il termine sa nuit dans la remise et le 8 novembre au matin, il prend le train pour Constance et il est arrêté peu de temps après.

Elser s'adonne à l'attentat comme l'artiste à la perfection de son œuvre. Sans famille, sans argent, sans complice, il ne craint rien pour lui-même ni pour les siens. N'ayant rien, il ne redoute rien. Quelles sont les raisons de ce courage ? Elser n'est ni un fou ni un exalté, c'est un homme fragile mais calculateur, animé d'une passion froide. L'attentat, comme la guerre, est un acte politique. Il craignait la dictature de la peste brune. L'incapacité des forces de gauche à organiser la résistance l'avait déçu et, en même temps, convaincu que seul l'acte d'audace d'un tyrannicide isolé pouvait éliminer le dictateur. Avant son déclenchement, il considérait la guerre comme inévitable. Il pressentait la cruauté, voulait prévenir l'infamie. En quelques mots, il sentait venir le temps des assassins et voulait supprimer le plus criminel d'entre eux avant qu'il ait donné toute sa mesure.

Les nazis exploitèrent l'échec de l'attentat en laissant supposer que Hitler, obéissant à l'un de ses fréquents pressentiments, avait changé le programme sans prévenir et quitté brusquement la célébration sitôt qu'il eût terminé son discours, quelques minutes avant l'explosion. Il était guidé par une sainte providence et il n'était plus question des conditions météorologiques.

À la question de savoir si Dieu s'était interposé dans l'attentat, Elser répondait : « Je ne sais pas. » Cette idée l'a poursuivi jusqu'à sa mort en 1945 car il a consigné ces quelques mots, comme si la fatalité ou la Providence s'était liguée contre lui : « Après l'échec de mon plan, je suis persuadé que cela ne devait pas réussir et que ma manière de voir n'était pas juste. »

Elser fut enfermé à Sachsenhausen puis à Dachau, avec un régime particulier et au secret. Pourquoi ? Peut-être le gardait-on pour un jugement spectaculaire avec de prétendus complices ? Mais on ne l'oubliait pas et, le 5 avril 1945, le commandant du camp de Dachau reçut l'ordre de le faire disparaître. Le 9 avril, il fut extrait de sa cellule, conduit au crématoire, dépouillé de ses vêtements et abattu d'une balle dans la nuque.

CHAPITRE 13

« La chance du diable »

Opération Walkyrie :
Le putsch des généraux à la Wolfsschanze
Le 20 juillet 1944

Autant l'attentat du 8 novembre 1939 est méconnu, autant celui du 20 juillet 1944, au cours duquel Hitler échappa à la bombe qui devait le tuer tandis qu'il examinait les cartes avec ses généraux dans son repère dit la Tanière du loup (Wolfschanze) à Rastenburg en Prusse Orientale, est célèbre. Qui n'a pas entendu parler de l'opération Walkyrie, du nom de la tentative de coup d'État fomentée par une coalition d'opposants au régime, popularisée par de nombreux romans et films ?

Au mois de juillet 1944, Berlin subit des alertes et des bombardements chaque nuit. On entend les sirènes d'alerte, puis les vrombissements des bombardiers alliés qui déversent des tonnes de bombes. Elles ébranlent le sol, écroulent des immeubles. Berlin devient une ville aplatie mais pas une ville morte. Les rues sont pleines de monde. Les Berlinois vaquent à leurs occupations et cherchent à manger. La recherche de nourriture devient leur priorité et, même si le ravitaillement se fait de plus en plus rare, les tickets de rationnement sont toujours honorés au début de l'été 1944.

Il fait exceptionnellement chaud et orageux ce 20 juillet. Dans la Bendlerstrasse, au ministère de la Guerre, la méticulosité et l'ordre prussiens règnent à tous les étages. Les services reçoivent, déchiffrent et filtrent la masse des informations qui arrivent des différents fronts. Ils rendent compte au Grand Quartier général de Hitler, installé à Rastenburg en Prusse Orientale, qui rédige et transmet les ordres suprêmes à partir desquels les services élaborent des centaines d'ordres généraux et particuliers destinés aux armées. Dans un de ces bureaux, le général Fromm, chef de l'armée de réserve, examine les pressantes demandes de renforts provenant du front. Il propose un plan de mouvements d'effectifs, plan qui lui revient le plus souvent rectifié, rageusement bouleversé par Hitler lui-même. Dans une pièce voisine, le colonel comte von Stauffenberg, chef de l'état-major du général Fromm, et son aide de camp le lieutenant von Haeften s'apprêtent à se diriger vers l'aérodrome d'où un Junkers vrombissant doit les emporter vers le GQG.

Depuis quelques semaines, les troupes allemandes battent en retraite sur toute l'étendue du front de l'Est ; les pays baltes sont encerclés. Sur les fronts de la Baltique et de la Russie, le maréchal Joukov, à la tête d'une armée gigantesque, a avancé de 500 kilomètres en moins de trois semaines. À Rastenburg les chefs de l'OKW[1], le haut commandement de l'armée allemande, ne sont toutefois pas démoralisés et s'apprêtent à mener une guerre totale. « Aucune offensive ne peut être poursuivie indéfiniment… Il arrive un moment où l'on doit ralentir pour laisser arriver le ravitaillement et regrouper les unités. Ce moment sera celui de notre réaction[2]. »

Dans l'avion qui s'envole vers Rastenburg, Stauffenberg, un homme à la puissante carrure, couvert de décorations, se tamponne le visage avec un mouchoir. La chaleur l'incommode, comme tous les blessés dont les blessures sont récentes ou mal cicatrisées. Le moignon de sa main droite, dont la main articulée serre la poignée de sa volumineuse serviette, suppure. Mais la chaleur n'est pas la seule responsable de la transpiration du

1. OKW : Oberkommando der Wehrmacht : commandement suprême des forces armées.
2. Georges Blond, « L'attentat », dans la *Revue des Deux Mondes*. 1952.

colonel. Il porte la bombe destinée à tuer le Führer afin de mettre un terme à la catastrophe annoncée pour l'Allemagne. Il tient la serviette sur ses genoux et, recueilli, pense à sa mission d'essence quasi divine. Il assure que lorsqu'il a été blessé en Tunisie, à demi inconscient sur son lit, il avait reçu du ciel l'ordre de libérer son pays. Le choix de la bombe plutôt que du pistolet s'est imposé de lui-même, le colonel se portant volontaire malgré ses mutilations. Il porte un bras artificiel et ne dispose que de trois doigts sur dix, ce qui exclut l'usage d'une arme automatique. De plus, certains assurent que Hitler porte toujours sur lui une plaque blindée à l'épreuve des balles. Enfin, en raison de ses fonctions, Stauffenberg se rend fréquemment au GQG et fait partie des rares personnes pouvant approcher le Führer.

L'attentat du 20 juillet 1944 constitue l'aboutissement d'une chaîne de conspirations qui remonte à mars 1943, quand un groupe d'officiers de haut rang de la Wehrmacht envisage d'éliminer Adolf Hitler pour sauver l'Allemagne. Si la plupart des officiers se réfugient dans un apolitisme commode et exécutent les ordres sans rechigner, quelques-uns, travaillés par une éthique chrétienne, commencent à remettre en cause le serment de fidélité prêté à Hitler depuis 1934. Des généraux nationalistes et conservateurs, tels que Ludwig Beck, chef d'état-major de l'armée, estiment que Hitler mène l'Allemagne à sa perte. Jusqu'en 1942, ces opinions sont totalement inaudibles dans une armée allemande au faîte de sa puissance et engagée dans une croisade anticommuniste. Il faut attendre les premiers revers, et surtout la défaite de Stalingrad, pour que la dissidence militaire prenne de l'importance. Pour la première fois depuis le début de la guerre, la perspective de la défaite se fait jour. Il apparaît à certains officiers qu'il faut mettre fin au totalitarisme pour négocier une issue acceptable avec les Alliés. Ils joignent leurs efforts au regroupement d'intellectuels du cercle de Kreisau, unis dans le rejet du régime hitlérien et qui veulent sauver l'essentiel de la grande Allemagne de 1940. Dès 1943, les militaires arrivent à la conclusion que le préalable à tout coup d'État est l'élimination physique du Führer. Malheureusement, toutes les tentatives échoueront,

Hitler bénéficiant, comme l'a qualifié l'historien britannique Ian Kershaw, de la « chance du diable ».

C'est au cours du second semestre 1943 que le général Von Treskow et le charismatique colonel comte von Stauffenberg mettent au point leur projet d'assassiner Adolf Hitler et de prendre le pouvoir. Ils décident d'utiliser, en le détournant, le plan officiel de mobilisation de l'armée de réserve, commandé par le général Friederich Fromm, qui accorde un soutien plus que timide aux conjurés. Ce plan de maintien de l'ordre, connu sous le nom de code Walkyrie, a été élaboré par le général Olbricht et approuvé par le Führer. Il consiste à renforcer le pouvoir des nazis en cas de soulèvement. Olbricht remanie le plan en juillet 1943 et prévoit la mise en place de groupes opérationnels de combat afin de maintenir le droit et l'ordre en proclamant l'état d'urgence. L'ordre de déclenchement de l'opération doit commencer par la phrase : « Le Führer Adolf Hitler est mort. » Après l'assassinat du Führer, les forces armées de réserve doivent s'emparer des centres névralgiques de Berlin et arrêter les caciques du régime.

En 1944, la puissante Gestapo rend toute conspiration difficile, voire impossible. Cependant, les conspirateurs ont conscience que tuer Hitler devient un impératif d'ordre moral pour prouver au monde que l'Allemagne n'est pas tombée tout entière dans la folie nazie. Les conjurés décident de passer à l'action.

Le 1er juillet 1944, la balance du destin penche en faveur des conjurés : Stauffenberg, rétabli de ses graves blessures reçues en Afrique du Nord, est nommé à l'état-major du général Friedrich Fromm et peut, à ce titre, approcher Hitler à la Wolfschanze ou au Berghof à Berchtesgaden.

Par deux fois, le 11 juillet à la résidence du Führer à Berchtesgaden et le 15 juillet à la Wolfschanze, Stauffenberg porte sur lui un explosif qu'il ne déclenche pas en raison de l'absence de Himmler. Finalement, la date du 20 juillet s'impose aux conjurés. Le colonel ne peut plus tarder. La Gestapo recherche depuis le

17 juillet le leader de la branche civile de la conjuration, Karl Goerdeler, qui doit devenir chancelier après le coup d'État.

Malheureusement, le destin, ou plutôt le diable, veille.

À 11 h 30, Stauffenberg qui vient d'arriver de Berlin, participe à une réunion préparatoire dirigée par le général Wilhelm Keitel. Il apprend que la réunion du commandement suprême est avancée d'une demi-heure, à 12 h 30, en raison d'une visite de Mussolini prévue dans l'après-midi, et qu'elle se tiendra dans un chalet en bois, au lieu du bunker habituel en raison de la chaleur étouffante typique des étés prussiens. Comme la séance est écourtée, Goering et Himmler décident de ne pas y assister.

Vers 12 h 15, à l'issue de la rencontre préparatoire, Stauffenberg demande à se rafraîchir et à changer de chemise. Il est rejoint par son aide de camp l'oberleutnant Werner von Haeften. Compte tenu de son handicap, Stauffenberg n'a le temps d'amorcer qu'une seule bombe qu'il place dans sa serviette et remet la seconde à Haeften. Une fois de plus, le destin veille. Pourquoi Stauffenberg n'a-t-il pas conservé l'engin non amorcé dans sa serviette ? Celui-ci aurait doublé l'effet de l'explosion.

En raison de sa surdité partielle, Stauffenberg demande à être placé à proximité du Führer mais est relégué à un coin de la table. Il a tout de même le temps de déposer la serviette contenant l'explosif contre le socle en bois massif de la table de conférence. Malheureusement, le colonel Heinz Brandt, gêné par la mallette lors de l'examen des cartes, la déplace du côté extérieur du socle. Il sauvera ainsi la vie du Führer. Très rapidement, Stauffenberg quitte la salle en prétextant un appel téléphonique urgent.

L'explosion retentit à 12 h 42. L'effet de souffle pulvérise le bâtiment en bois et convainc Stauffenberg de la réussite de l'attentat. Le colonel s'empresse de rentrer à Berlin afin de déclencher le coup d'État militaire contre le régime nazi. Malheureusement pour lui, la baraka n'est pas de son côté, Hitler et le maréchal Keitel qui se tenait à ses côtés ont eu une chance inouïe : ils ne sont que légèrement blessés. Le chancelier allemand décide d'honorer son programme diplomatique et part accueillir son homologue italien.

Quand Mussolini arrive sur le quai de la gare, il n'est plus que le chef fatigué et amaigri d'un État fantoche, la République sociale italienne, installée à Salo sur les bords du lac de Garde. Il est accueilli par un Hitler surexcité, les cheveux roussis et un bras partiellement paralysé. Le Führer l'amène sans attendre visiter le lieu de l'explosion.

Pendant ce temps, à Berlin, le destin abandonne les comploteurs et semble regarder ailleurs. Le plan Walkyrie se met en place avec retard dans la capitale du Reich où la confusion règne. Les conjurés ont attendu d'avoir la confirmation de la mort du Führer avant d'agir. Si la nouvelle de l'attentat est parvenue très vite, un flou artistique règne encore sur son issue. Hitler est-il mort ? Malheureusement, les conspirateurs ne parviennent pas à couper les communications entre Rastenburg et Berlin. Le général Fromm apprend vite que Hitler ne souffre que de blessures superficielles. Il se retourne contre les factieux qu'il n'avait soutenus que du bout des lèvres, et ordonne l'arrestation de Stauffenberg, Olbricht et leurs collaborateurs. Pour éviter tout interrogatoire qui pourrait le mettre en difficulté, il les fait immédiatement fusiller par un peloton d'exécution, dans la cour du ministère de la Guerre, à la lueur des phares d'un camion militaire. Le lendemain, Hitler prend la parole au cours d'un discours radiodiffusé où il affirme qu'une « clique d'officiers d'une stupidité criminelle » a tenté de le supprimer. Il s'estime, une fois de plus, sauvé par la Providence et promet l'anéantissement des comploteurs. Cinq mille militaires et civils vont être arrêtés dans les semaines suivantes. La vengeance des nazis est terrible, ils fusillent, décapitent ou étranglent des accusés, parfois sur ordre exprès de Hitler. Jusqu'à l'effondrement des dernières poches de résistance allemandes en avril 1945, des prisonniers condamnés par le Tribunal du peuple sont arrachés à leurs cellules et mis à mort sans laisser aux armées alliées le temps de les sauver.

L'échec de Stauffenberg condamne la résistance allemande à une impitoyable répression. L'armée est mise au pas, le salut nazi remplace le salut traditionnel, Himmler prend la tête de l'armée de réserve ; nombre de militaires sont choqués par le coup d'État et rejettent désormais tout esprit de contestation. Paradoxalement, l'action des conjurés apparaît à contre-courant du sentiment majoritaire à l'heure où l'Allemagne se prépare à défendre son propre sol. L'attentat donne un prétexte supplémentaire au parti nazi pour entamer une ultime mobilisation idéologique, gage de souffrance prolongée pour les civils, qui ne pourra prendre fin que par la capitulation totale.

À travers ces deux attentats manqués, la propagande nazie a tissé un récit mythologique de l'indestructibilité du Führer et de la puissance du IIIe Reich. Des photographies ont été prises, des cérémonies d'hommage aux victimes ont été organisées comme de grands moments de communion nationale qui exaltent le Reich et ses héros tombés au champ d'honneur. Quant à Hitler, il cultive une figure immortelle choisie par la destinée plus que par la chance. La propagande nazie met à chaque fois en images un Hitler vivant, indemne, courageux, guidant son peuple vers la victoire. Même en 1944, alors que l'issue de la guerre ne fait plus aucun doute, les services de Goebbels montrent Hitler visitant les décombres, décidé à résister à tous les revers, indestructible comme l'Allemagne nazie.

CHAPITRE 14

Un homme à abattre

Les attentats contre De Gaulle 1961-1964

Le 8 janvier 1959, comme le dit joliment René Coty lors de la passation des pouvoirs, « le premier des Français est désormais le premier en France ». Charles de Gaulle devient le premier président de la Ve République. De 1959 à 1965, le général réalisera un gigantesque tour de France qui l'amènera à parcourir tous les départements du territoire. Lors de son second mandat, il poursuivra de façon ponctuelle ses voyages officiels en province. Le général aime les bains de foule, les serrements de mains, les kilomètres parcourus et les discours. Comme le souligne le journaliste Pierre Viansson-Ponté, « dire qu'il se mêle à la foule est faible, il s'y plonge, il s'y vautre, il s'y dissout littéralement ».

Le général de Gaulle accorde beaucoup de prix à cette reconnaissance populaire, n'hésitant pas à faire arrêter sa voiture au grand désespoir de sa sécurité et du protocole. Malgré tout, cela nous a laissé quelques jolies anecdotes et quelques reparties dont le général avait le secret. Ainsi, lors d'un déplacement dans le Nord-Pas-de-Calais, en septembre 1959, le curé de Bomy va à sa rencontre et lui dit :

— Mon général, c'est moi qui vous ai marié en 1921 !

— Rassurez-vous, Monsieur le curé, lui répond le chef de l'État, je ne vous en veux pas.

Je n'étais qu'un enfant âgé de quatre ans, mais je me souviens du voyage officiel de De Gaulle en Haute-Saône, en juin 1962. Son cortège partait de Lure et devait se rendre à Servance en passant par Mélisey, mon village natal, où le général s'est arrêté pour saluer la foule et serrer des mains, dont la mienne. Je me souviens d'une scène un peu cocasse qui aurait peu de chance de se reproduire aujourd'hui. Un homme a franchi le cordon de sécurité et voulu s'approcher du général. Il tenait un seau rempli de carpes qu'il souhaitait offrir au président. J'étais sur les épaules de mon père et j'ai entendu quelqu'un crier : « Regardez ! C'est Nannot ! Il va offrir à De Gaulle les carpes qu'il a braconnées ce matin ! » Si je cite cette anecdote, c'est qu'elle m'a amené à effectuer quelques recherches sur le déplacement du général de Gaulle dans l'Est cette année-là.

De tous les voyages effectués par le général de Gaulle, président de la République, celui qui le mène du 14 au 17 juin 1962 en Haute-Saône, dans le Jura, le Doubs et le Territoire de Belfort, est le plus risqué tant les menaces sont nombreuses alors que l'Algérie allait devenir indépendante le 1er juillet suivant. Les membres les plus déterminés de l'OAS croyaient pouvoir remettre en cause le processus en tuant le chef de l'État. De Gaulle le sait. Il n'en a cure. Comme toujours, il balaie les appréhensions de son entourage d'un revers de main. Il a d'ailleurs dit un jour à Roger Frey, ministre de l'Intérieur, qui se plaint de sa souveraine indifférence : « Je fais mon métier, faites le vôtre, Monsieur le ministre. » Inutile donc d'interdire les bains de foule, de multiplier les mises en garde, le général est intraitable. Il ne consent même pas à modifier son itinéraire sous la pression du danger. « Ça vaut mieux que de mourir aux cabinets », répétait-il.

Si l'on en croit un indicateur infiltré au cœur de l'OAS, des irréductibles projetaient des attentats durant les quatre jours pendant lesquels De Gaulle serait en Franche-Comté. Deux de ces projets pourraient avoir lieu à Vesoul. Le premier consisterait à faire sauter un passage à niveau, l'autre à diriger un chien piégé vers la tribune depuis laquelle le général devait prononcer un discours. C'est ce que raconte Jacques Delarue, le commissaire chargé à l'époque de traquer les membres de l'OAS.

L'idée d'utiliser des animaux peut paraître rocambolesque. Pourtant, des contrebandiers avaient déjà employé des chiens dressés pour transporter des marchandises à travers la frontière franco-belge. Les bêtes sanglées dans des manteaux en peau de mouton teinte, invisibles de loin, pouvaient recevoir jusqu'à 20 kilos de marchandises. Substituer aux cartouches de cigarettes des pains de plastic ne semblait donc pas impossible. Quant au guidage, le sifflet à ultrasons, imperceptible à l'oreille humaine, était depuis longtemps utilisé.

Au total, entre le 16 et le 17 juin seront déjoués deux dynamitages de route entre Pontarlier et Montbéliard, un jet de grenades défensives à Besançon, et une « opération chamois » à Montbéliard, en référence au nom de code de l'opération prévue le 20 mai 1962 où un membre de l'OAS, installé sur un toit, devait abattre le général sur le perron de l'Élysée avec un fusil à lunette.

Si la police n'a pas démérité pour déjouer ces attentats, on doit aussi reconnaître qu'elle a été parfaitement secondée par l'extraordinaire baraka du général qui compensait heureusement son indifférence au danger. D rejette toute lourde protection et refuse que les forces de l'ordre jalonnent ses itinéraires. Tout juste tolère-t-il, dans son entourage immédiat, ses gardes du corps, ces gorilles que l'on voit autour de lui sur les images d'archives. Ils sont au nombre de quatre. Paul Comiti est peut-être le gorille le plus célèbre du président de la République pendant neuf ans, de 1958 à 1969. Il est entré dans la Résistance dès 1940, a rejoint le général de Gaulle en 1941 en Écosse, sur une corvette de la France libre. Un choix qui lui vaudra d'être condamné à mort par le régime de Vichy. À la Libération, Comiti intègre la police. En 1947, quand De Gaulle fonde le Rassemblement du peuple français (RPF), les meetings étaient souvent perturbés par des opposants, communistes pour la plupart, et le général fit appel à d'anciens résistants pour assurer la sécurité de ces rassemblements. Paul Comiti répondit à l'appel et devint l'adjoint de Pierre Debizet. Le service d'ordre du RPF allait devenir l'embryon du Service d'action civique (SAC). Dès le retour au pouvoir du général de Gaulle, en 1958, Paul Comiti assurera sa garde rapprochée avec le titre de « responsable de la sécurité présidentielle ». Il sera aux côtés de Charles de Gaulle, notamment lors de l'attentat à l'explosif de Pont-sur-Seine, le 8 septembre 1961, et au Petit-Clamart. Après le référendum de 1969 et le départ du général de Gaulle, Paul Comiti participera encore pendant cinq ans à la sécurité de Georges Pompidou. Il quittera la police en 1979, comme commissaire divisionnaire. Autre figure de cette Ve République naissante, Roger Tessier dont le surnom, Roger « la Tenaille », est à lui seul tout un programme ! Des quatre officiers de sécurité du général, c'est lui qui sera le premier qualifié de « gorille ». Boxeur professionnel, ancien résistant, il avait la carrure d'un Lino Ventura et des mains d'acier qui lui avaient valu son surnom de Roger la Tenaille ; quand il tenait la main ou l'épaule d'un importun qui voulait s'approcher trop près du Général, il la serrait, la broyait et ne lâchait pas ! Le troisième s'appelait Henri Djouder, surnommé le Kabyle. Lui aussi combattant de la France libre, ancien second maître fusilier marin, présent au Petit-Clamart le 22 août 1962, il accompagnera le général de Gaulle pendant ses deux mandats. Ce ne sera pas le cas de René Auvray, ancien officier parachutiste des Forces françaises libres, qui devra quitter le groupe en 1963 pour des raisons de santé, c'est probablement à cause de cela qu'il est le moins connu des quatre. Il sera remplacé par Raymond Sasia, première gâchette au service du général, ancien résistant, judoka et tireur d'élite formé à l'académie du FBI en Virginie. Dans son livre *Mousquetaire du Général*, il révèle que les quatre gorilles de l'Élysée avaient fait le serment de suivre De Gaulle, quoi qu'il arrive, même dans la mort. Ce n'était pas un serment en l'air car seul Napoléon Ier a échappé à plus d'attentats contre sa personne que le général de Gaulle. En septembre 1961, comme nous le verrons un peu plus loin, une bombe l'attend dans un tas de sable près de Pont-sur-Seine, puis en août 1962, c'est l'attentat du Petit-Clamart, avant qu'un autre engin dissimulé dans une jarre fleurie ne fasse long feu, en août 1964, au mont Faron…

Ces quatre mousquetaires étaient sans aucun doute des hommes exceptionnels, mais il ne faut pas oublier que le service des voyages officiels est également présent dans l'organisation des déplacements et dans la protection du deuxième cercle. Raymond Sasia le précise dans son livre : « Un deuxième cercle accompagnait le général avec une douzaine d'inspecteurs de la préfecture de police et des membres du groupe "voyages officiels" de la Sûreté nationale. Ils se noyaient dans la foule, l'œil aux aguets. En cas d'attentat, pendant que les gorilles couvraient le général, ils devaient neutraliser le plus vite possible le ou les terroristes. » Un peu plus loin, alors qu'il parle des déplacements à risque en province comme à l'étranger, il précise la mission des VO « chargés de tous les aspects de la sécurité à l'extérieur de l'Élysée, étude des trajets, lien avec les préfectures et les compagnies de CRS, repérages, contact avec les structures locales à l'étranger, déminage des routes et des tarmacs, filtrage du personnel et des invités… »

La plupart des attentats commis contre le général de Gaulle le seront soit lors de ses déplacements par la route, comme à Pont-sur-Seine ou au Petit-Clamart, soit lors d'une cérémonie officielle comme au mont Faron, en 1964. Il s'agit toujours d'opérations de type militaire, commises avec des explosifs ou des armes automatiques. Curieusement, aucune tentative d'assassinat n'interviendra pendant les bains de foule. Il est probable que les factieux, militaires pour la plupart, rechignaient à faire des victimes parmi la population française. En tout état de cause, De Gaulle, s'étant engagé entièrement contre l'Algérie française, était clairement devenu l'homme à abattre depuis le putsch des généraux à Alger, le 21 avril 1961 et la création de l'Organisation de l'armée secrète (OAS).

L'attentat de Pont-sur-Seine

Le 8 septembre 1961, Charles de Gaulle et son épouse Yvonne se rendent de Paris à Colombey-les-Deux-Églises. Trois véhicules composent le cortège. La voiture du chef de l'État conduite par Francis Marroux, avec à son bord le colonel Jean Teisseire, l'aide de camp, puis la suiveuse de la sécurité de la présidence et enfin une voiture où se trouvent des conseillers. À 21 h 35, à Pont-sur-Seine, dans l'Aube, le convoi présidentiel passe à la hauteur d'un tas de sable d'où jaillit une violente explosion. Un engin de 40 kilos, composé de plastic, de dynamite et d'un bidon rempli d'un mélange d'huile, d'essence et de savon en paillettes y avait été dissimulé. La puissance de la déflagration déporte la DS présidentielle de l'autre côté de la route. Le liquide répand immédiatement un mur de flammes qui atteint la cime des arbres et barre la route. Francis Marroux, le chauffeur, a le réflexe d'accélérer pour se mettre à l'abri d'une éventuelle embuscade. Il s'arrête quelques kilomètres plus loin afin que le président de la République et son épouse puissent changer de voiture et poursuivre leur trajet jusqu'à Colombey-les-Deux-Églises. L'enquête démontrera que l'engin a bien explosé mais qu'il avait perdu la quasi-totalité de sa puissance en raison de l'humidité imprégnant le sable. Toujours la baraka !

L'attentat du Petit-Clamart : l'opération Charlotte Corday

Il est 20 h 30 ce 22 août 1962, la nuit commence à tomber sur le Petit-Clamart quand Jean-Marie Bastien-Thiry, vêtu d'un imperméable et coiffé d'un chapeau agite un journal au-dessus de sa tête. C'est le signal qui annonce l'arrivée du convoi qui amène le général de Gaulle vers la base militaire de Villacoublay d'où il doit s'envoler pour Saint-Dizier et, de là, gagner sa demeure de Colombey-les-Deux-Églises. Le cortège est réduit à deux véhicules : la DS où sont installés le couple présidentiel et l'aide de camp qui est le gendre des De Gaulle, Alain de Boissieu. Dans la suiveuse de la sécurité présidentielle se trouve Henri Djouder. Il faut préciser qu'à l'époque le « siège » n'est jamais tenu par la sécurité mais toujours par l'aide de camp, malgré la proximité du président avec ses gorilles. Suivent à une centaine de mètres deux motocyclistes de la préfecture de police prêts à ouvrir la route en cas d'embouteillages. Une Estafette Renault jaune est garée à droite de la rue, dans le même sens que le convoi. Elle enferme un engin composé d'une charge explosive de 3,5 kilogrammes d'explosif militaire, du plastic à base de penthrite, contenue dans une boîte métallique pourvue d'un détonateur et munie d'une mèche. Le retard à l'allumage est de dix-sept secondes. Ce dispositif doit stopper net le véhicule du général si celui-ci est protégé par des plaques de blindage. Malheureusement pour les conjurés, la nuit tombante rend moins visible la silhouette du guetteur et son signal à l'arrivée du cortège. Le chef de bord de la camionnette, Serge Bernier, l'aperçoit avec un temps de retard alors que le chauffeur est en train de soulager sa vessie sur la haie qui longe le trottoir. Au même moment, le hayon de l'estafette s'ouvre brusquement. Deux hommes en surgissent portant à la hanche des fusils-mitrailleurs. Ils ouvrent le feu sur la DS présidentielle qui roule à plus de 90 km/h, plus vite que les conjurés ne l'avaient escompté, si bien que la plupart des tirs sont effectués de flanc et non pas en enfilade. Un quatrième homme ouvre le feu avec son pistolet-mitrailleur Thomson. Mais il est gaucher et cherche de sa main droite le levier d'armement. Quand il le trouve, la DS n'est plus qu'à quelques mètres de lui. Il n'a le temps que de tirer quelques courtes rafales… et l'arme s'enraye. Serge Bernier le rejoint en contournant l'estafette et tire également avec un PM. Le chauffeur qui a soulagé sa vessie a laissé sa carabine US M1 sur le siège de la camionnette. Alors il prend son pistolet et tire au jugé, sans effet. La DS présidentielle, qui n'est équipée d'aucun blindage, est criblée de balles. Les pneus avant gauche et arrière droit sont crevés, mais personne n'a été atteint et la suiveuse n'a essuyé que quatre impacts.

En 1993, lors d'une émission télévisée consacrée aux attentats politiques, j'étais invité sur le plateau aux côtés du général de

Boissieu qui a commenté l'attentat, je devrais dire qui a revécu ces minutes pendant lesquelles le cours de l'histoire aurait pu changer. Le général de Boissieu raconte avoir ordonné au chauffeur de « foncer » avant d'apercevoir, à 100 mètres sur la gauche, une Citroën ID 19 de couleur claire qui avance en diagonale, vitres baissées. Un homme équipé d'un PM se trouve à bord. Il s'agit de Georges Watin, dit « la Boiteuse ». Il ouvre la porte de l'ID et tire une première rafale. Déséquilibré, il se rattrape et tire à nouveau. Au moment où le général de Boissieu se retourne et crie : « Père, baissez-vous ! », une balle pulvérise la vitre arrière gauche. Aussi miraculeux que cela puisse paraître, ni le général ni Yvonne de Gaulle ne sont touchés.

La DS présidentielle continue sa route sur deux jantes et deux roues et, comme l'a encore précisé Alain de Boissieu, « tangue comme un canot à moteur » mais parvient tout de même à atteindre en roulant à tombeau ouvert la base de Villacoublay. Le chauffeur expliquera que les deux crevaisons se sont compensées et ont permis d'arriver à bon port. Les conjurés esquissent une poursuite et tirent encore quelques rafales au jugé. En vain. Les policiers de la voiture d'escorte n'ont pas riposté. De Gaulle s'en est irrité, a expliqué le général de Boissieu lors de l'émission, mais il lui a fait valoir la sagesse de cette décision compte tenu du risque pour les passants. D'autant plus que, roulant en sens inverse, une famille du Plessis-Robinson, rentrant chez elle avec ses trois enfants, a eu son véhicule Panhard touché par un projectile qui a explosé le pare-brise. De Gaulle ne pardonnera pas à Bastien-Thiry, ingénieur et lieutenant-colonel de l'armée de l'Air, il refusera de le gracier. Il sera fusillé le 11 mars 1963, au fort d'Ivry.

Au total, huit impacts sont relevés sur la carrosserie de la DS présidentielle, trois balles ont pénétré dans la voiture, sans compter celle qui a traversé l'habitacle et celles qui ont touché les pneus. Une est passée par le coffre arrière et une a traversé le volet du réservoir d'essence. Plus de 150 douilles seront retrouvées par les enquêteurs, sans compter les projectiles qui ont été tirés de l'intérieur des véhicules des agresseurs.

Arrivé à l'aérodrome de Villacoublay, le général de Gaulle a insisté « pour passer en revue, selon le rituel habituel, les six soldats du piquet d'honneur de l'armée de l'Air, puis monter dans l'avion sans trahir d'émotion spéciale ».[1]

L'attentat du mont Faron

Le 15 août 1964, le président de la République est sur la côte varoise pour le vingtième anniversaire du débarquement des forces alliées en Provence. De nombreuses cérémonies marquent la journée, comme une revue navale dans la rade de Toulon et un défilé des troupes françaises auxquelles se sont jointes des unités américaines et britanniques. La journée se passe sans incident mais le 28 août, soit treize jours après la cérémonie, au mémorial de Beaumont, sur le mont Faron près de Toulon, des explosifs dissimulés dans un pot de fleurs sont découverts. Très vite, les enquêteurs s'orientent sur la piste d'une tentative d'attentat raté contre le général de Gaulle. C'est grâce au jardinier du mémorial, sans doute guidé par la main du destin, que l'attentat a pu être évité. Comme chaque jour, il a consciencieusement arrosé les fleurs et a dû noyer les explosifs et neutraliser l'engin. Voilà pour l'histoire officielle, celle que les hagiographes ont bien voulu retenir, même si elle tord un peu le bras de la réalité, mais nous y reviendrons un peu plus loin. Pour l'instant, deux questions demeurent : pourquoi le service de déminage ne l'a-t-il pas détecté et y a-t-il vraiment eu déminage ? Une fois de plus la baraka s'en est mêlée. Cet attentat raté du mont Faron sera le dernier contre le général de Gaulle.

Quatre attentats ! Tous menés par des groupes organisés, des professionnels – ils ont un passé militaire acquis lors du dernier conflit mondial ou lors des suivants : guerres de Corée, d'Indochine ou d'Algérie – et aucune tentative ne réussit. Les moyens utilisés sont divers : attentats aux explosifs, embuscades

1. *Un attentat, Petit-Clamart, 22 août 1962*, Jean-Noël Jeanneney, Éditions du Seuil, 2016.

avec des armes automatiques, et De Gaulle est passé à travers toutes les tentatives. Et pourtant, ces attentats fourmillent de hasards qui auraient pu faire basculer le destin différemment. Très vite, on eut le sentiment que la Providence avait été toute-puissante. L'échec des conjurés ne pouvait être que miraculeux. De nombreux gaullistes, tous catholiques fervents, déposèrent des cierges dans toutes les églises de France en signe de gratitude envers une intervention qui n'avait pu être que divine. François Mauriac écrivit dans son *Bloc-Notes* hebdomadaire, que le général « avait été mieux gardé par les anges que par les hommes ». Et de rappeler toutes les occasions où De Gaulle avait frôlé la mort depuis le temps des tranchées de la Grande Guerre jusqu'aux efforts multipliés et toujours vains de l'OAS. Les forces du mal s'acharnaient sur la personne du président qui avait choisi d'en mépriser la menace et remettait sa vie entre les mains du destin. L'hagiographie était en marche et on sortait de la rationalité.

Baraka ? Hasard ? Destin ? Providence ? Chance ? Qu'en est-il exactement ? Ces quatre échecs ne sont-ils pas dus, tout simplement, à des faiblesses structurelles ou conjoncturelles ? Essayons d'analyser le comportement psychologique et professionnel des membres du commando, leur sérieux dans la préparation des attentats, ainsi que les moyens utilisés. Bref, de comprendre ce qu'il s'est passé en étudiant de près les auteurs des attentats de Pont-sur-Seine et du Petit-Clamart.

Des profils hauts en couleur, si l'on veut définir en quelques mots les factieux mus par une unique obsession : tuer le général de Gaulle. Des activistes de l'OAS croisent des catholiques traditionalistes et des réfugiés hongrois se définissant comme les « pieds-noirs de l'Europe. Comme eux nous avons été trahis, abandonnés... »[1] et qui se retrouvent tous avec le même objectif commun : tuer l'Antéchrist aux ordres du communisme international, capable de détruire la civilisation occidentale.

1. *Ma vie pour la patrie*, Lajos Marton.

Leur chef, le lieutenant-colonel Jean-Marie Bastien-Thiry, a pris la tête de la sédition en septembre 1956, à la suite du discours de De Gaulle sur l'autodétermination de l'Algérie. Il engage dès lors une croisade alimentée par une haine acharnée d'un De Gaulle qu'il compare à Hitler. Et pour justifier encore plus le tyrannicide qu'il appelle de ses vœux, il s'assimile au colonel von Stauffenberg.

Bastien-Thiry est ingénieur général de l'Air, emploi qui l'assimile au grade de lieutenant-colonel. C'est un militaire mais ce n'est pas un soldat, il n'a aucune expérience de la guerre. Des différents interrogatoires de police, il ressort que Bastien-Thiry, issu d'une famille aux traditions militaires et religieuses bien ancrées, est un personnage insaisissable, masquant en permanence l'intensité de ses passions. Un de ses ancêtres, Claude-Ambroise Régnier, a même été ministre de la Justice de Bonaparte, Premier consul en 1802. Il a réprimé le complot royaliste de Cadoudal et approuvé l'exécution du duc d'Enghien dans les fossés de Vincennes, le 21 mars 1804. Cette ascendance a-t-elle pu exercer une influence sur le comportement du militaire factieux, d'autant plus que les destins du duc et de l'ingénieur de l'armement présentent des similitudes ? Sa troisième fille, Agnès de Marnhac, psychogénéalogiste et thérapeute, dans son dernier livre, *Mon père, le dernier des fusillés*, en est persuadée. Enfin, son mariage avec Geneviève, la fille de Georges Lamiraud, notable de Vichy devenu secrétaire d'État à la Jeunesse de 1940 à 1943, l'entraîne irrémédiablement vers les sympathisants du régime de Pétain.

Un chef charismatique, selon les dires de ses complices, des conjurés, anciens militaires, anciens parachutistes pour la plupart, obsédés par l'idée que De Gaulle était inféodé au marxisme. Ils portaient en eux une volonté d'airain et obsessionnelle de tuer le tyran, et pourtant De Gaulle échappe à tous les attentats. Est-ce un caprice du destin ? Ou doit-on chercher des faiblesses dans la solidité professionnelle, voire psychologique, des membres du commando ? Le général de Boissieu répond de manière catégorique dans ses *Mémoires* et parle avec mépris d'une « équipe de bricoleurs ».

Prenons le cas de Pont-sur-Seine où l'incompétence des factieux ne fait aucun doute. Tout d'abord, l'artificier Henri Maunoury ne connaissait rien aux explosifs. Comment expliquer la défaillance d'un engin de mort chargé de 40 kilos de plastique dans une bouteille de butane ? De plus, la machine infernale était enveloppée d'un mélange liquide, collant et inflammable, destiné à mettre le feu à la voiture du président. À l'époque, le commissaire Jacques Delarue, chargé de la lutte contre l'OAS à la Direction centrale de la police judiciaire écrit dans son livre *L'OAS contre de Gaulle* : « L'inexpérience du fabricant de la bombe était responsable de l'échec : il ignorait que l'explosion se propage à l'intérieur de la matière et n'avait pas pétri ensemble les pains qu'il avait simplement entassés, si bien que quatre ou cinq kilos seulement avaient explosé, projetant les autres pains dehors. Le fond de la bouteille avait été mal ressoudé après le remplissage et, du coup, la bouteille s'était ouverte au début de la mise à feu de l'explosif, en en diminuant considérablement la puissance. » Ajoutons à cela le matériel laissé à l'air libre pendant huit jours à proximité d'un tas de sable dont l'humidité avait diminué son effet. Mais, ce n'est pas tout. Villemandy, l'homme qui a déclenché le détonateur à distance depuis le bosquet voisin, était travaillé par une rage de dents invalidante. Au lieu d'utiliser le cyclomoteur prévu pour sa fuite, il utilise sa voiture et s'embourbe. Il fait appel à un paysan du coin avec qui il boit le coup, reste sur les lieux et se fait cueillir par la gendarmerie. Quant à Maunoury, il se fait arrêter à Langres après s'être vanté, dans un débit de boissons, d'appartenir à l'OAS. Et comme si ça ne suffisait pas, les comploteurs commettent de nombreuses fautes pendant la phase préparatoire, comme de faire des repérages avec leur véhicule personnel. Les règles élémentaires de précaution et le cloisonnement pratiqués sous l'occupation par les résistants, qui fascinaient la partie des conjurés non-pétainistes, avaient été très vite oubliés.

Une autre faiblesse vient indubitablement du financement des opérations. Bastien-Thiry, et c'est tout à son honneur, refuse tout argent provenant de l'OAS, comme il refuse tout financement provenant de braquages de banques ou de fourgons blindés. Cependant, l'argent faisant défaut, il faut se procurer des armes de récupération dormant dans les caves ou les greniers, sans entretien, ce qui multiplie les risques de dysfonctionnement. Enfin, il faut évoquer la faiblesse psychologique des membres du commando avec la rivalité entre Alain de Bougrenet de la Tocnaye et Armand Belvisi pour la place de second de Bastien-Thiry. Ces deux-là se haïssent et leur rivalité ne s'éteindra qu'avec l'arrestation de Belvisi quelques mois avant l'attentat du Petit-Clamart. Quant aux trois Hongrois, ce sont des têtes brûlées d'après tous les témoignages, dont certains parlent mal le français et rencontrent des difficultés à comprendre et à exécuter les ordres. L'un d'entre eux, Lajos Marton, insiste dans ses mémoires sur l'absence de cohésion professionnelle et l'absence d'esprit de groupe.

Pour être complet, il faut ajouter un dernier élément qui est le peu d'entraînement préparatoire avec le maniement des armes, et l'on comprend pourquoi Marton, qui est gaucher, perd quelques secondes, lors de l'opération Charlotte Corday pour trouver le levier d'armement.

Après l'échec de Pont-sur-Seine, les conjurés se mettent d'accord pour une attaque du convoi présidentiel entre l'Élysée et l'aéroport militaire de Villacoublay. En application de la théorie des points de passage obligés, même si les itinéraires sont aléatoires, ils partent tous de points de départ et d'arrivée connus et intangibles. Le fait que De Gaulle refuse tout jalonnement des itinéraires par les forces de l'ordre complique les choses, il faut mettre des guetteurs à certains points névralgiques pour alerter le dispositif d'interception du chemin emprunté par le convoi. Une première tentative a lieu le 8 août. Le général doit rentrer de Colombey pour déjeuner avec l'ancien président américain Eisenhower. Deux voitures légères encadrant une Estafette roulent en direction de Paris. L'objectif est de se laisser rejoindre par le cortège présidentiel entre Villacoublay et la Présidence. Les passagers de la camionnette, armés de fusils-mitrailleurs, doivent ouvrir le feu lorsque le président arrivera à la hauteur de l'Estafette. Mais le hasard, encore lui, veut que l'avenue de Versailles soit encombrée, et le conducteur choisit à l'improviste de passer par le quai Louis-Blériot. Les deux convois se rejoignent à la hauteur de la Maison de la Radio en construction mais, curieusement, les conjurés ne tirent pas. Nouvel échec.

Le 22 août, Bastien-Thiry apprend incidemment que De Gaulle, en vacances à Colombey, doit faire un aller-retour pour présider un conseil des ministres. Il prévoit une attaque avenue du Maine. Malheureusement pour eux, une fois encore les comploteurs ratent le passage du cortège. L'attentat aura donc lieu au retour, à la nuit tombante, au Petit-Clamart. Une fois de plus, les conjurés manqueront leur cible malgré plus de 150 cartouches tirées.

Cette opération de guerre en pleine ville aboutit à l'arrestation de Bastien-Thiry et d'une grande partie des conjurés. De Gaulle refusera la grâce du militaire factieux pour quatre raisons, comme les indique Jean-Noël Jeanneney dans son livre[1] :

« Il a fait tirer sur une voiture dans laquelle il savait que se trouvait une femme,

il a mis en danger une famille de Français avec trois enfants, qui circulait dans une voiture en sens inverse,

il a payé des étrangers pour enlever le chef de l'État,

il n'a pas pris de risques directs. »

Jean-Marie Bastien-Thiry est le dernier condamné à mort à avoir été fusillé au fort d'Ivry, le 11 mars 1963.

Enfin, dans l'attentat raté du Mont-Faron, le dernier contre le général de Gaulle dont les coupables n'ont jamais été

1. *Un attentat, Petit-Clamart, 22 août 1962.*

identifiés, le destin avait semblé peser du mauvais côté ce matin du 15 août 1964, lorsque le conservateur du musée, le commandant Colmay, compagnon de la Libération, avait interdit à des démineurs de venir jusqu'à son domaine. Il se posait, outragé, comme garant de la sécurité du mémorial. La légende du jardinier consciencieux qui noie le dispositif a supplanté la réalité. En fait, l'enquête a démontré que la tentative de meurtre a échoué en raison d'un dysfonctionnement de la mise à feu. Le dispositif de télécommande, étant assez volumineux, le terroriste a dû s'éloigner par souci de discrétion. Malheureusement pour lui, la distance excessive, associée à la compacité de la foule qui se pressait pour apercevoir le chef de l'État, a empêché le dispositif de fonctionner.

Force est de constater que le général de Gaulle a eu la baraka, et je ne peux m'empêcher de penser à la phrase de Machiavel : « Un prince ne peut éviter la mort lorsqu'un homme ferme et endurci dans sa vengeance a résolu de le faire périr ; car quiconque méprise sa vie est maître de celle des autres. » Il faudra attendre la fin des années 1990 et le début des années 2000 avec l'apparition des attentats suicides, renouant avec la tradition de la secte des Hashashins au XIIe siècle, qui fit régner la terreur sur le monde musulman, pour en avoir la démonstration. Jusqu'à cette période, la faiblesse des attentats politiques résidait dans l'obsession des conjurés à organiser leur fuite une fois leur forfait commis.

CHAPITRE 15

« Lancer[1] » est mort :

L'attentat contre Kennedy, Dallas, 22 novembre 1963

La journée du 22 novembre 1963 avait commencé sous les nuages. Elle est désormais claire et ensoleillée. John F. Kennedy et la First Lady reçoivent un accueil très enthousiaste au Dallas Love Fiel, l'aéroport de la ville. Kennedy et ses conseillers insistent pour que la traversée de la ville s'effectue dans une Cadillac décapotable. « *Put the top down*[2] », impose-t-il à son service de sécurité. Cette décision anodine va faire chavirer le cours de l'Histoire. Dallas évoquera à jamais l'assassinat de JFK et le naufrage de l'United States Secret Service. Pourtant, dès le début de la programmation du voyage, de nombreux politiciens proches de la Maison-Blanche ont averti le président de ne pas se rendre à Dallas, « ville très dangereuse ». Kennedy et son équipe sont d'un autre avis. Ils ont besoin de courtiser les Texans dans l'optique du scrutin présidentiel de 1964 qui s'annonce très serré. De plus, en homme qui a connu la guerre, Kennedy est trop fataliste pour se soucier de sa sécurité.

Le président s'installe avec Jackie son épouse sur la banquette arrière, le gouverneur du Texas, John Connally, et sa femme prennent place devant eux, sur des strapontins. Deux

1. Indicatif radio du président Kennedy.
2. « On décapote. »

agents du Secret Service sont assis à l'avant, l'un, William Greer, au volant, l'autre, Roy Kellerman, au siège[1]. Derrière eux le cortège se met en place avec les véhicules des hommes du Secret Service, huit agents armés : deux debout sur chaque marchepied et quatre assis sur les banquettes. Puis vient la limousine du vice-président Lyndon Johnson et de sa femme. Enfin, la délégation officielle – conseillers de la Maison-Blanche, officiels locaux et presse – s'engouffre vaille que vaille dans les voitures du convoi. Le cortège présidentiel s'ébranle avec à sa tête une voiture banalisée, la voiture « ouvreuse » dans le jargon de la protection puisqu'elle ouvre la route du convoi, occupée par des policiers de Dallas et des agents du Secret Service.

La foule enthousiaste se presse de chaque côté de la rue, sur tout l'itinéraire du cortège. Une bousculade se produit au moment où les voitures descendent Houston Street et passent devant l'ancien palais de justice. Le cortège ralentit pour aborder un virage à gauche de cent vingt degrés et s'engager à vitesse réduite dans Elm Street. Il passe devant un entrepôt de livres quand un premier coup de feu claque. La limousine présidentielle ralentit et finit par s'arrêter. Le président est touché. Sept secondes s'écoulent avant qu'un deuxième coup de feu retentisse et touche le gouverneur Connaly, suivi d'un troisième qui arrache le sommet du crâne du président.

Tout le monde a vu ou verra les images tournées en Super 8 par le couturier texan Abraham Zapruder, qui a le réflexe de continuer de filmer malgré les coups de feu qui retentissent. Au début, il pense à un feu d'artifice ou à un raté de moteur et quand il voit le président porter brusquement la main à sa poitrine, il croit qu'il se redresse pour saluer la foule. Il comprend vite son erreur mais continue de filmer. Un film muet de 26 secondes et 486 images…

Le film de Zapruder démontre que si, au moment du premier coup de feu, la suiveuse est à sa place et colle littéralement

1. Siège : nom donné à la place avant-droite dans un véhicule, réservée à l'officier de sécurité que l'on appelle également *le siège*.

la limousine présidentielle, les agents, quant à eux, ne réagissent pas et restent figés. Pire, la suiveuse se laisse distancer lors des coups de feu suivants sans qu'aucun garde du corps debout sur le marchepied ne se précipite au secours de Kennedy, avant que l'agent Clint Hill, garde du corps de la First Lady, grimpe sur la malle arrière et repousse l'épouse dans la voiture. La Cadillac accélère sous le tunnel et fonce vers le Parkland Memorial Hospital où les médecins constatent le décès du président à 13 heures.

« Alerte à toutes les patrouilles ! Au croisement d'Elm et de Houston, on recherche un homme de race blanche, environ 30 ans, mince, 1,75 mètre, 75 kg. Probablement armé d'un fusil calibre 30... »[1] Des témoins orientent les recherches de la police de Dallas vers le Texas School Book Depository (TSBD), l'entrepôt de livres scolaires, où ils trouvent un fusil Mannlicher et trois douilles. Un des employés, un dénommé Lee-Harvey Oswald, est déclaré absent par ses collègues. À 13 h 50, un individu de vingt-trois ans est interpellé dans un cinéma pour le meurtre de l'officier de police Tippit qui voulait contrôler son identité. Il s'agit de l'employé manquant du TSBD, principal suspect dans l'assassinat du président Kennedy. Il est transféré au commissariat central de la police de Dallas où il est interrogé en présence de 35 agents des différentes autorités locales et agences fédérales dont celle du Secret service (USSS), d'assistants du District Attorney et du FBI. Il nie les deux crimes dont on l'accuse.

Le lendemain, Oswald doit être transféré de la prison municipale vers celle du comté. Le chef de la police de Dallas, Jesse E. Curry, cède aux exigences des deux grandes chaînes fédérales NBC et ABC et accepte que le mis en cause passe par le garage. Le sous-sol permet aux médias de disposer de suffisamment d'espace pour installer les câbles et les caméras. L'événement provoque une hystérie médiatique. Les journalistes de la presse écrite, radiophonique et télévisuelle se ruent au-devant d'un Oswald entravé, affublé d'un demi-sourire

1. Transcription de communications échangées sur les fréquences de la police de Dallas.

moqueur et provocateur. Les gros flashs blancs éblouissent les participants et chaque claquement métallique diffuse une forte odeur de magnésium qui se mélange à la sueur humaine et à l'odeur de cigare. « *Captain ! Captain !* », crient certains journalistes en s'adressant au capitaine Will Fritz qui dirige le transfert. « Dégage de ma vue ! », protestent les cameramen en donnant des coups d'épaule dans cette cohue qui leur répond par des « *fuck* ! » et des « *shit !* ». « Avez-vous tué le président ? », hurlent les reporters à l'unisson. Soudain, un homme s'avance dans ce chaos et abat Oswald d'une balle dans l'estomac. Oswald est transporté à l'hôpital, le même que JFK, et décède peu après son arrivée. Son meurtrier est arrêté. Il s'agit du tenancier du Carousel Club, une boîte de nuit et de striptease de Dallas, Jack Ruby, bien connu des policiers et des journalistes de la ville. Il a tué Oswald « pour que Jackie n'ait pas à revenir à Dallas pour assister à son procès ».[1]

Que faisait Jack Ruby dans le garage de la police alors qu'il n'était ni policier ni journaliste ? Personne ne peut accepter une seconde coïncidence : deux êtres fragiles psychologiquement auraient tué à deux jours d'intervalle, sans interférence ? Sans appartenir à un quelconque complot organisé ? C'est inconcevable.

Depuis plus de soixante ans, des thèses entières ont été publiées sur ce sujet et pourtant, aucune n'a trouvé le moindre début de preuve de l'existence d'un lien entre Oswald et Ruby. Au contraire. Dans les annexes d'un livre d'Alan Adelson[2], cité par le journaliste Philippe Labro[3], on peut trouver une lettre signée par Ruby mourant sur son lit d'hôpital, destinée à son frère où il écrit : « Je veux que tu saches que je n'ai jamais connu Oswald, je n'ai jamais été impliqué dans une quelconque conspiration et je n'avais pas planifié de lui tirer dessus… » Cette lettre dactylographiée n'est pas une preuve irréfutable car elle a pu être dictée

1. Rapport de la commission Warren.
2. Alan Adelson, *The Ruby Oswald Affaire.*
3. Philippe Labro, *On a tiré sur le président,* Galllimard. 2013.

par quelqu'un, mais « elle corrobore la confession faite au rabbin Hillel Silvermann de la synagogue de Dallas ».[1]

Peut-être faut-il tout simplement admettre un banal enchaînement des faits relayé par la puissance du hasard ?

À l'époque, le Secret Service a été accusé de négligence par le chef de la police de Dallas qui, lui-même, n'était pas exempt de reproches. Pourtant, aucune sanction n'a été prononcée. Ce qui n'empêche pas de se poser un certain nombre de questions, qui l'ont d'ailleurs été par la commission Warren chargée de l'enquête. L'itinéraire du cortège n'aurait jamais dû comporter un virage en épingle à cheveu qui imposait aux véhicules de rouler au pas. Aucun agent n'était sur les marchepieds de la voiture présidentielle, et le temps de réaction des agents présents dans la « suiveuse » a été d'une lenteur affligeante. Le chauffeur William Greer a laissé passer sept secondes avant de réagir. Une éternité ! Une accélération aurait peut-être changé le cours de l'histoire car le premier coup de feu n'était pas mortel. Lors de son audition, Greer a affirmé avoir appliqué la procédure qui exigeait un ordre du « siège » Roy Kellerman. Quand on sait l'importance de l'initiative individuelle dans ce genre de situation, on ne peut qu'être abasourdi devant ce manque de professionnalisme.

La commission Warren pointe un certain nombre de manquements dans l'organisation du déplacement. Ainsi, l'autopont qui traverse Elm Street n'était pas sécurisé, les spectateurs n'étaient pas encadrés par les policiers locaux et le pont n'était pas gardé par la police de Dallas quand la limousine est passée dessous. Entendu par la commission Warren, l'agent Lawson qui se trouvait dans la voiture « ouvreuse » a confirmé cette erreur : « [...] Nous arrivions sous un autopont et j'ai jeté un coup d'œil vers le haut pour voir s'il était vide mais il ne l'était pas ; alors j'ai cherché où était le policier qui aurait dû s'y trouver. J'ai fait un geste à travers le pare-brise pour lui ordonner de dégager les gens de l'autopont comme ça aurait

1. Philippe Labro, *id.*

dû être fait. Nous étions en train d'approcher de l'autopont quand j'ai entendu un coup de feu. » De même, la commission Warren s'est étonnée que l'échelon précurseur du Secret Service ait négligé de vérifier les immeubles de grande hauteur et les « points hauts » qui s'élevaient le long de l'itinéraire et constituaient autant d'endroits stratégiques pour cacher un tireur. C'est Douglas Dillon, le secrétaire au Trésor, qui a pris en personne la défense de ses troupes devant la commission parlementaire : « À l'exception des inaugurations et des autres manifestations associant des autorités étrangères que le président accompagne à Washington, il n'est pas dans les habitudes du Secret Service de reconnaître ou de visiter les immeubles le long de l'itinéraire d'un cortège automobile présidentiel... Même s'il était possible de le faire avec des effectifs de sécurité beaucoup plus importants, de nombreux observateurs ont émis le sentiment que de telles mesures ne seraient pas cohérentes avec la nature et le but d'un tel cortège qui est de permettre au public de voir son président et de l'accueillir dans sa ville. » En raison du manque de coordination avec le FBI et la police de Dallas, les agents du Secret Service arrivés au cours de la semaine qui précédait la venue de Kennedy ne savaient pas qu'une bande de dissidents cubains avait lancé des menaces de mort contre le président américain. L'Agence est restée discrète, lors des auditions par la commission Warren, sur les dispositions médiocres prises par les précurseurs en matière de sécurité.

La commission Warren a également pointé le mauvais positionnement des motocyclistes de la police municipale de Dallas. Ils auraient dû encadrer la limousine présidentielle. Au lieu de cela, ils ont fait des va-et-vient et « étaient trop loin de la voiture du président pour pouvoir apporter une quelconque protection à Kennedy ». Enfin, le chef du Secret Service de l'époque, James Rowley, a déclaré devant la commission de l'Assemblée que son « agence a établi que l'efficacité des neuf agents en cause n'a pas été altérée par leur comportement non réglementaire ». En effet, la nuit précédant l'attentat, neuf agents sur les vingt-huit que comportait le dispositif, se sont rendus au club de la presse pour y consommer de la bière. Même s'ils ont bu assez peu, le règlement intérieur du Secret Service interdit la consommation d'alcool pendant toute la durée d'un déplacement.

Aucune mesure disciplinaire n'a été prise à leur encontre car selon Rowley, « elles donneraient le sentiment que la faute disciplinaire a facilité l'assassinat, ce qui n'est pas le cas ». Quoi qu'il en soit, ce 22 novembre 1963, pour la première fois de son histoire, le Secret Service a perdu un président. L'assassinat de John Fitzgerald Kennedy marquera un tournant important dans l'organisation du Secret Service, non seulement avec l'augmentation du nombre d'agents, mais aussi avec le renforcement du renseignement, l'intensification de l'entraînement spécifique des agents spéciaux et l'amélioration des relations avec les forces de police et les autres services fédéraux. De même, l'assassinat de Robert Kennedy, en 1968, poussera le Congrès à étendre la mission du service à la protection des candidats à la présidence et à la vice-présidence 120 jours avant les élections, ainsi qu'aux anciens présidents jusqu'à un maximum de dix ans après la fin de leur mandat, et à leurs enfants jusqu'à l'âge de 16 ans. Quelques années auparavant, en 1965, ce même Congrès avait autorisé la protection des veuves des présidents américains. Les présidents s'engagent également par écrit, dès leur élection, à suivre les instructions du service de sécurité et à n'utiliser que les moyens routiers, aériens, héliportés et maritimes, mis à disposition par le Secret Service. Bill Clinton avait été interviewé, à la fin des années 1990, par une journaliste lors de l'émission de télévision, sur ABC, intitulée « Behind Closed Doors ». Il avait conclu en disant qu'en matière de sécurité, « une fois élu, le président ne s'appartient plus ».

Parmi les nombreuses questions qui restent encore sans réponse, on peut se demander pourquoi le FBI n'attire pas l'attention du Secret Service sur Oswald, alors que l'agence fédérale a un dossier sur lui ? La réponse fumeuse des deux agences à la commission Warren est la suivante : d'un côté le Secret Service déclare que les fédéraux sont censés « rendre compte de toute information qui pourrait présenter un risque pour le président », alors que le manuel remis en 1963 aux agents du FBI n'exige de rapport spécifique qu'en cas de « menace » envers le président. Risque contre menace. Le risque est une éventualité théorique, la menace est une éventualité pratique dont la cible est connue. On peut ajouter que la menace est un risque qui a pris de la consistance. En réalité, John E. Hoover ayant conscience des actes de négligence de l'agent Hosty – il avait repéré et répertorié Oswald comme individu potentiellement dangereux – et de l'aveuglement des agents englués dans leur routine de fonctionnaires appliqués, en fit disparaître les preuves pour couvrir l'incompétence de ses services régionaux. Le FBI était après tout excusable : Oswald n'était qu'un simple agitateur jusqu'à ce que le destin lui fasse décrocher un emploi dans un immeuble surplombant l'itinéraire d'un futur déplacement présidentiel qui n'avait pas encore été décidé.

On le constate, l'attentat contre JFK donne corps à la polémique et à la controverse tant il recèle, aujourd'hui encore, de zones d'ombre concernant les mobiles et les responsabilités. Au hasard, à la chance ou à la malchance et à la destinée s'ajoute une quatrième option : la théorie du complot. L'hypothèse de la conspiration prend corps dès le lendemain de la tragédie, lorsque le principal suspect est abattu devant les caméras de télévision. Devant l'impuissance des autorités à empêcher le meurtre du président des États-Unis, il faut désormais compter avec le désir des citoyens de trouver une solution supportable, voire rassurante en fonction des idées politiques de chacun. La problématique ne peut être éludée en se reposant sur la malchance ou le hasard.

Le postulat de base est rassurant pour tout le monde : Lee Harvey Oswald a toujours mis fièrement en avant son marxisme ; il a vécu deux ans et demi en URSS ; enfin, il a distribué de la propagande procastriste dans les rues de La Nouvelle-Orléans. Les républicains sont soulagés qu'aucun homme d'affaires conservateur ni aucun membre du Ku Klux Klan ne soient impliqués. La gauche américaine s'empresse de clamer que les pires ennemis de

JFK ne se trouvent pas de son côté. Et de diffuser promptement des opuscules pour détourner les soupçons et pointer du doigt le grand capital, le FBI, la CIA, sans oublier le vice-président Lindon Johnson selon le vieil adage « à qui profite le crime ? ». Pour les citoyens moins politisés, la Mafia ou le crime organisé offrent une solution séduisante, d'autant qu'Oswald et Jack Ruby ressemblent plus à de banals hommes de main ou des tueurs à gages qu'à des conspirateurs politiques au sens malin ou inspiré du terme.

Soixante ans après l'assassinat de JFK, nous n'avons toujours aucune certitude malgré la communication récente au public de nouvelles pièces du dossier. Connaîtra-t-on un jour le fin mot de l'histoire ? La théorie du complot va-t-elle s'effacer devant l'acte d'un tireur extrémiste politiquement isolé ? Franklin L. Ford, dans son livre *Le Meurtre politique*, fait l'analyse suivante : « C'est en partie dans l'insupportable disproportion entre l'ampleur de l'acte et l'incroyable fatras d'impulsions personnelles, des dates et de l'accident géographique dont le récit parut tributaire qu'il faut chercher l'explication du profond besoin de compliquer. » En d'autres termes, les faits bruts, trois coups de feu, tirés par un seul homme depuis la fenêtre d'un entrepôt, sur le président des États-Unis d'Amérique circulant à bord d'une voiture décapotable, avec un fusil Mannlicher Carcano assez basique acheté par correspondance, puis l'élimination du seul suspect par un patron de boîte de nuit dans un garage de la police de Dallas paraissent trop simplistes eu égard au choc national que provoqua l'attentat.

Peut-on admettre, en l'état du dossier, que l'accumulation d'actes fortuits n'est due qu'au hasard et ne méritent rien de mieux que de figurer parmi les accidents de l'Histoire au même titre que les catastrophes naturelles, sans autre explication rationnelle ? Pour l'heure, le besoin irrésistible de croire en une forme de conspiration est supérieur à l'acceptation des chemins tortueux qu'a empruntés le pouvoir pour imposer la version officielle du tireur isolé. Le film *JFK* (1991) a définitivement brouillé les cartes – en mélangeant faits et rumeurs – et imposé la thèse du complot comme une vérité historique, alors que le thriller d'Oliver Stone ne doit être considéré que pour ce qu'il est : une excellente œuvre de politique-fiction.

Le destin de ces deux hommes que tout oppose – un Oswald lunaire face à un Kennedy solaire – a forgé une extraordinaire dramaturgie où le président assassiné semble avoir été la victime d'un névrosé qui n'avait aucunement besoin d'une conspiration pour exécuter son scénario d'une grande banalité. Plus le temps passe, avec des implications politiques qui s'érodent et des acteurs de premier plan qui ont tous disparu depuis des décennies, et plus les chances de connaître la vérité historique se renforcent.

On peut toutefois conclure, à la lueur des exemples rapportés dans cet ouvrage, que les protagonistes d'une conjuration manquent parfois d'une détermination commune, souvent de cohésion, mais toujours de discrétion par rapport à un acteur isolé qui a plus de chances d'arriver à ses fins en passant sous les radars des services de sécurité. Lee Harvey Oswald était-il un acteur isolé ? La question risque encore de se poser pendant longtemps.

CHAPITRE 16

Pour l'amour de Jodie Foster

L'attentat contre Ronald Reagan, 30 mars 1981 suivi des premiers éléments sur la tentative d'assassinat contre Donald Trump, Butler 13 juillet 2024

Le 30 mars 1981, le président Ronald Reagan prononce un discours à l'hôtel Hilton de Washington devant quatre mille représentants du syndicat du bâtiment. Il arrive en cortège routier depuis la Maison-Blanche à 13 h 50 et doit être de retour à son bureau à 14 h 30. Un déplacement de routine.

Le travail préparatoire du Secret Service qui consiste en des réunions avec les organisateurs – dirigeants de l'hôtel et syndicats – afin de mettre au point les procédures de sécurité a bien eu lieu. L'agent précurseur Mary Ann Gordon, la première femme à avoir été affectée à la protection présidentielle, s'est coordonnée avec la police de Washington et la police des parcs (USPP)[1]. Elle se met d'accord, comme toujours en de pareils déplacements, sur les fréquences radio dont se serviront la Metropolitan Police Department of the District of Columbia (MPDC), l'US Park Police et le Secret service (USSS). Elle met en place un système de badges et d'épinglettes avec un code couleurs et s'assure qu'aucun chantier ne perturbera le cortège. Une reconnaissance au Hilton permet de détecter les points clés,

1. US Park police est un service fédéral chargé de la protection des parcs nationaux. Il assure une protection conjointe du président avec le Secret Service, la Maison-Blanche étant située dans le « parc du président ».

comme les halls et les entrées, en particulier l'entrée VIP qui donne sur T Street, à surveiller pendant la présence du président. Les noms des personnes qui doivent saluer Ronald Reagan sont comparés avec la liste des personnes dangereuses dont dispose le Service. Peu de temps avant l'arrivée de Reagan, les tireurs d'élite s'installent sur les points hauts extérieurs ; les techniciens de la division technique assurent le « dépoussiérage[1] » de la salle où doit être prononcé le discours et ratissent les lieux avec une équipe cynophile, à la recherche d'explosifs. Du point de vue de la sécurité générale, l'endroit est « clair » pour reprendre l'expression consacrée. Il faut ajouter que la distance entre la limousine et l'entrée officielle n'est que de dix mètres, ce qui réduit le temps d'exposition du président à d'éventuelles attaques. À l'intérieur, les auditeurs du discours et la presse voient leur identité vérifiée, leur badge d'accès contrôlé, leurs sacs et matériels fouillés.

Tout semble parfait à l'intérieur, oui, mais pas à l'extérieur ! Le diable est toujours dans les détails qui ont failli être fatals à Reagan.

Les services de police ont tendu une barrière de corde devant le Hilton pour empêcher les badauds de s'approcher trop près du président et de bloquer l'entrée mais personne ne contrôle, ne vérifie ni ne fouille les personnes présentes. La zone n'a pas été définie comme zone de presse car les vérifications auraient, d'une part, ralenti l'arrivée du président et d'autre part, les déplacements dans Washington sont considérés comme plus sûrs. Et les agents escortent souvent Reagan au Hilton. La force de l'habitude, cauchemar de tous les services de protection, vient de frapper. John Hinckley s'infiltre dans les rangs des journalistes, à moins de huit mètres de l'endroit où le président doit sortir. Personne ne lui demande quoi que ce soit.

Comme avant toute visite du président, les agents ont vérifié dans leurs fichiers les listes de clients et d'employés de l'hôtel mais ne découvrent rien. Hinckley n'est pas fiché par le

1. Dépoussiérage : déminage dans le jargon de la protection rapprochée.

Service. Il attend devant le Hilton en cette journée pluvieuse et venteuse de mars. Il voit Reagan arriver et entrer à grandes enjambées dans l'hôtel. Pendant ce temps, le cortège à vide fait mouvement et se remet en place pour le départ. L'agent en charge du convoi ordonne aux journalistes de dégager la zone afin de pouvoir manœuvrer.

Les gardes du corps se mettent en position autour de la limousine et attendent la sortie du président. Il arrive, précédé de son attaché de presse James Brady, suivi par les agents Parr et Shaddick, son aide de camp et d'autres agents. Shaddick se trouve gêné par un employé de la Maison-Blanche qu'il doit contourner pour retrouver sa place dans le dispositif de protection[1], à l'arrière droit du président. Pendant ce temps, les journalistes crient des « Monsieur le président ! Monsieur le Président ! ». Reagan répond en agitant la main tout en se penchant pour entrer dans la voiture. Six coups de feu claquent, tirés en moins de deux secondes.

Les agents du Secret Service réagissent instantanément, ce qui contraste avec l'assassinat de Kennedy. Une balle ricoche sur un côté de la limousine et touche le président Reagan sous le bras gauche. L'agent Parr, poussé par Shaddick, enfonce le président grimaçant sur le siège arrière de la limousine et les deux « gorilles » le recouvrent de leurs corps. L'agent Tim McCarthy écarte bras et jambes pour constituer un écran. Une balle l'atteint en pleine poitrine. Il s'écroule. L'attaché de presse Brady se vide de son sang sur le trottoir. Un policier de Washington, Thomas Delahanty, gît lui aussi recroquevillé sur le béton, le cou transpercé d'une balle.

Des six balles tirées par Hinckley, l'une a frappé Brady, une autre Delahanty, la troisième un immeuble de l'autre côté de la rue, la quatrième McCarthy, la cinquième la porte de la limousine

1. Cette place est essentielle dans un dispositif de protection rapprochée puisque l'agent, l'évacuateur, comme sa désignation dans le jargon du métier l'indique, décide de l'évacuation en cas de danger.

et la sixième a ricoché sur la portière et a frappé Reagan. Parmi les quatre victimes de Hinckley, seul Ronald Reagan devait être présent ce jour-là, les trois autres doivent leur présence au destin. Brady a remplacé au dernier moment son adjoint, Delahanty s'est substitué à un agent malade et McCarthy a perdu en jouant à pile ou face avec un collègue.

Alors que le convoi présidentiel est en route, le tireur est maîtrisé, plaqué au sol. Des hommes du Secret Service, pistolet-mitrailleur en main, sécurisent le périmètre, aidés par la police locale en uniforme. Les agents du Secret Service ont dégainé leurs armes automatiques mais n'ont tiré aucun coup de feu. On les voit, sur les multiples photographies prises par la presse, scruter la foule et couvrir le départ de la limousine blindée. La confusion règne encore plusieurs minutes avant que l'homme qui vient d'ouvrir le feu sur le président des États-Unis ne soit emmené vers le commissariat le plus proche. Il s'appelle John Hinckley, il est âgé de 26 ans. On va rapidement connaître les raisons de son geste et comprendre que ce jeune homme souffre d'aliénation mentale.

Pendant ce temps, dans la limousine, l'agent Parr se préoccupe de l'état du président. Ce dernier répond que tout va bien. Parr vérifie toutefois le dos et la veste du président à la recherche de traces de blessures et ordonne au conducteur de rentrer à la Maison-Blanche, comme le veut la procédure. Mais, trente secondes plus tard, le président se plaint de douleurs à la poitrine et d'avoir du mal à respirer. « J'ai vu du sang couler des lèvres du président, son teint blême et sa difficulté à respirer et j'ai pris la décision de foncer immédiatement vers le Memorial Hospital », comme il en témoignera quelques semaines plus tard devant une commission d'enquête du Sénat.

Il faut demander une ouverture de la route jusqu'à l'hôpital, malheureusement les fréquences de la police sont encombrées en raison du trafic intense généré par l'attentat. L'agent Mary Ann Gordon, chef de bord de la suiveuse, ordonne à son conducteur de doubler la limousine présidentielle et de lui ouvrir la route, malgré les risques de se faire refuser la priorité par les autres véhicules et de se trouver bloqué dans la circulation très dense.

Le cortège arrive sans encombres à l'hôpital, seulement trois minutes après la fusillade. Malheureusement, le choix de Parr étant en dehors de toute procédure, personne n'a demandé de brancard pour transporter le blessé à l'intérieur du bâtiment. Reagan doit marcher, épaulé par les deux agents Parr et Shaddick, jusqu'à la salle des urgences où on l'assoit sur un chariot pour le conduire jusqu'au bloc opératoire. Ce n'est qu'en enlevant les vêtements que le personnel médical constate la gravité de la blessure.

Reagan a eu beaucoup de chance, ce jour-là. Les balles tirées par Hinckley étaient des Devastator au bout en aluminium qui ont pour particularité d'exploser au moment de l'impact et de provoquer la fragmentation de la balle en éclats qui se répandent dans le corps de la victime à la manière d'un shrapnel, l'obus chargé de balles. Heureusement pour le président, la balle a d'abord ricoché sur la voiture. Si elle l'avait touché directement, elle aurait explosé près de son cœur et Reagan aurait été tué. Enfin, en ne respectant pas la procédure et en s'exposant lui-même à des sanctions disciplinaires, Parr a sauvé la vie de Reagan en raccourcissant les délais d'intervention, même s'il n'existait pas de dossier médical du président prêt à la consultation et si les lieux n'avaient pas été sécurisés.

Qu'est-il advenu des trois personnes blessées qui n'auraient pas dû être là ce jour-là ? McCarthy, l'agent du Secret Service touché à l'abdomen s'en sortira. Dans son témoignage, il déclarera : « Si un coup de feu part, la réaction naturelle de n'importe qui… est de se mettre à couvert et d'évaluer la situation. Pour nous, la réaction naturelle, si on travaille à proximité de la personne protégée, c'est de la couvrir et de l'évacuer… Se jeter dans la ligne de tir… c'est ça l'essence du métier de protection… » Le policier Delahanty aura également la vie sauve. Quant au porte-parole de la Maison-Blanche, James Brady, atteint à la colonne vertébrale, il restera paralysé et handicapé à vie. Il est mort en 2014 des suites de ces blessures.

Revenons à John W. Hinckley, un jeune homme déséquilibré, nourrissant un fantasme de liaison amoureuse avec l'actrice Jodie Foster. Après avoir visionné *Taxi Driver* une quinzaine de fois, film dans lequel un homme interprété par Robert de Niro projette d'assassiner un candidat à la présidence, Hinckley développe une obsession pour l'actrice Jodie Foster qu'il va poursuivre de ses assiduités jusqu'à déménager pour se rapprocher d'elle. N'arrivant pas à ses fins, Hinckley projette alors de détourner un avion ou de se suicider devant l'actrice pour attirer son attention. Il finit par se convaincre qu'il peut l'impressionner en assassinant un président. Il pourchasse d'abord l'ancien président Jimmy Carter d'État en État. Repéré, il sera arrêté à Nashville pour détention d'arme à feu. Traité en psychiatrie pour dépression, sa santé mentale se détériore et il reste en proie à la même obsession : attirer l'attention de Jodie Foster. Il finit par choisir une nouvelle cible, Ronald Reagan, fraîchement élu.

Jugé en 1982, John Hinckley est déclaré non coupable pour cause d'aliénation mentale ayant entravé ou aboli son discernement. Il est toujours interné dans un établissement psychiatrique, mais le décès de James Brady pourrait le conduire à nouveau devant un tribunal, cette fois pour homicide.

Depuis Ronald Reagan, aucun autre président des États-Unis en exercice, de George Bush à Joe Biden, en passant par Bill Clinton, George W. Bush, Barack Obama et Donald Trump, n'a été victime d'une tentative d'attentat. Peut-être est-ce dû à une plus grande efficacité des services de renseignement dont le travail en amont est souvent capital pour repérer des individus déterminés à passer à l'acte. À moins que le curseur de la violence qui s'exprime souvent outre-Atlantique à travers les armes à feu, ne se soit déplacé vers les tueries de masse telles qu'en connaît régulièrement le pays depuis plusieurs années. On pouvait légitimement se poser la question dans ces termes jusqu'au 13 juillet 2024 quand le destin a de nouveau frappé.

Ce jour-là, à Butler (Pennsylvanie), le candidat Donald Trump s'adresse à ses sympathisants lors d'une réunion publique en plein air lorsque, à 18 h 15, un claquement se fait entendre. Trump porte sa main à la joue droite et à l'oreille où du sang se met à couler. Des agents du Secret Service se précipitent sur le candidat, le couchent au sol derrière une barrière protégeant le pupitre et le recouvrent de leur corps. On entend claquer de nombreux coups de feu. Le tireur, un dénommé Thomas Matthew Crooks âgé de 20 ans, originaire de Bethel Park (Pennsylvanie), installé au sommet d'un hangar, à moins de 150 mètres de la tribune, fait feu avec un fusil d'assaut AR 15. Un spectateur est tué et deux autres sont grièvement blessés. Le meurtrier est abattu par les tireurs d'élite du Secret Service. Une fois la situation stabilisée le candidat républicain est évacué en direction de son véhicule blindé. Cependant il prend le temps de s'arrêter de lever le poing pour montrer sa rage, sa détermination et sa force devant le destin. D'ailleurs, quelque temps après l'attentat il proclame : « Seul Dieu a empêché l'impensable ! »

La polémique prend rapidement corps et le professionnalisme de l'agence fédérale chargée de la protection de Donald Trump est immédiatement mis en cause. L'enquête diligentée par le FBI va devoir évaluer le dispositif de sécurité et établir les responsabilités et les fautes éventuelles des différents services.

Selon la théorie des cercles concentriques quatre niveaux de sécurité se complètent : la protection rapprochée, assurée par le Secret Service, les points hauts, de la compétence également du Secret Service[1] lors de ce rassemblement politique, la protection périmétrique dévolue aux services locaux (police de la ville, bureau du shérif, police de l'État de Pennsylvanie) et enfin le quatrième niveau, le renseignement qui intervient en amont et permet de déterminer le dispositif de sécurité en fonction de l'évaluation de la menace.

Comment s'articule un tel déplacement ? Quelques jours avant l'événement, une mission préparatoire dirigée par le Secret

1. (CAT : Counter terrorism team)

Service se rend sur place, examine les lieux, approuve le dispositif et répartit les tâches entre les différents services de police et les animateurs de la manifestation.

Gardons à l'esprit qu'une campagne électorale est un événement festif pour les organisateurs comme pour les militants et que toute mesure de sécurité apparaît comme une contrainte. Que s'est-il donc passé dans la petite ville de Butler, lieu du dernier meeting du candidat avant la convention républicaine de Milwaukee (Wisconsin) ? Faute professionnelle ou erreur d'appréciation due à la routine ?

Une fois de plus, on constate que le récit immédiat, avec ses déformations et ses manipulations, prend le pas sur la vérité qui jaillira de l'enquête du FBI. Celle-ci devra apporter des explications rapides, logiques et plausibles aux points suivants :

– Le toit du hangar représentait un point vulnérable connu avant l'attentat. Quelqu'un aurait dû s'y trouver ou, à tout le moins protéger le bâtiment pour que personne ne puisse y accéder ;

– Crooks n'aurait pas dû avoir de visuel sur Donald Trump ;

– Des témoins de la fusillade ont déclaré avoir aperçu un individu ramper sur le toit avec un fusil. Ils ont alerté la police mais l'homme a continué à se déplacer avant de tirer des coups de feu et être abattu. Un adjoint du shérif aurait repéré l'agresseur sans pouvoir l'arrêter à temps. Cette information est-elle parvenue à temps aux agents du Secret Service ?

– Selon un policier, Crooks était dans le collimateur des autorités locales. Cette information a-t-elle été partagée ?

Les deux derniers points posent le problème de la nécessaire coordination entre les services sur laquelle repose la réussite de la mission mais force est de constater que cette évidence est loin d'aller de soi et d'être partagée par des services jaloux de leurs prérogatives.

Sans préjuger des résultats de l'enquête, la directrice du Secret Service, Kimberly Cheatle a reconnu un échec et a démissionné le 23 juillet, soit seulement dix jours après les faits. Entendue devant une commission de la chambre des représentants elle « assume la pleine responsabilité de toute faille de sécurité » et qualifie la tentative d'attentat du 13 juillet comme « le plus important échec opérationnel du Secret Service depuis des décennies. »

CHAPITRE 17

La filière bulgare ?

L'attentat contre Jean-Paul II, 13 mai 1981

En cette fin d'après-midi d'un mercredi ensoleillé, le pape Jean-Paul II s'installe dans sa Papamobile, une grosse Fiat blanche immatriculée SCV1, carrossée comme une Jeep. À cette époque, la Papamobile s'identifie tout simplement à un trône mobile, descendant direct de la *sedia gestatoria*, permettant au Saint-Père d'être vu plus facilement des fidèles lors des cérémonies. La Fiat Campagnola, dans laquelle circule, ce 13 mai 1981 Jean-Paul II, est découverte et ne dispose d'aucune protection particulière. À ses côtés s'installe son fidèle secrétaire Stanislas Dzirwisz, son majordome Angelo Gugel et deux policiers italiens, l'un au volant, l'autre au siège. La voiture s'ébranle lentement sur la place Saint-Pierre, au milieu des quelque 25 000 pèlerins venus acclamer le pape lors d'une audience publique hebdomadaire en plein air. Le Saint-Père bénit l'assistance, embrasse le front des enfants, frôle les mains tendues vers lui, répondant d'un sourire radieux aux cris de joie. Soudain, plusieurs déflagrations déchirent la place Saint-Pierre. Les pigeons s'envolent brusquement. Le Saint-Père s'écroule, atteint par deux balles. Il se replie sur lui-même, s'affaisse sur son siège. Sa soutane blanche est recouverte de sang. Le Pape est touché à l'abdomen, à la main gauche et au bras droit.

L'auteur de l'attentat, porteur d'un pistolet semi-automatique Browning, n'a pu s'enfuir. Une religieuse, sœur Letizia, s'est agrippée à lui en hurlant, faisant tomber à terre l'arme de l'agresseur. Il est immédiatement interpellé. L'enquête déterminera qu'il s'appelle Mehmet Ali Agça et qu'il est âgé de 23 ans. Il se présente aux policiers italiens comme un Turc musulman, membre de l'organisation ultranationaliste des Loups gris, tout en affirmant que son acte a des motivations religieuses. Tout au long de l'enquête, Ali Agça fera en permanence de nombreuses déclarations contradictoires. Il affirme ensuite que son complice, un nommé Oral Célik, devait faire diversion en lançant une grenade dans la foule pour leur permettre de s'échapper et de trouver refuge à l'ambassade de Bulgarie. En fait, Célik paniqué s'est enfui sans lancer la grenade et a profité du désordre pour disparaître.

La place Saint-Pierre devient vite un spectacle de désolation. Les gens se mettent à crier, d'autres sous le choc pleurent et hurlent : « le pape est mort ! » Puis c'est le silence. Parmi l'assistance, deux femmes ont été blessées. Des pèlerins tombent à genoux, en prière, et plusieurs de ces prières sont adressées à la Sainte Vierge. Le 13 mai 1981 est le jour de la fête de Notre-Dame de Fatima, marquant le soixante-quatrième anniversaire de la première apparition de Marie à trois enfants bergers aux alentours du village de Fatima, au Portugal.

Jean-Paul II est immédiatement transporté à l'hôpital Gemelli, dans le quartier Primavalle, à proximité du Vatican. Il subit une intervention chirurgicale de près de six heures. Aucun organe vital n'a été touché et sa robuste constitution lui permet de surmonter l'épreuve.

Dès l'annonce de l'attentat, les croyants du monde entier, anxieux, demandent une preuve de vie de ce pape charismatique. Elle intervient le dimanche matin quand, depuis son lit d'hôpital, le Saint-Père s'adresse à ses ouailles. À Rome, dans la rue de la Conciliation qui mène au Vatican, le temps semble suspendu. Toute activité s'est arrêtée pendant la durée de la prise de parole. Le pape remercie les fidèles pour leurs prières et remercie particulièrement Notre-Dame de Fatima, convaincu qu'elle lui a sauvé la vie. Un miracle a bien eu lieu.

L'attaque contre Jean-Paul II intervient quelques semaines après celle de Ronald Reagan. Et tout comme John Hinckley, Mehmet Ali Agça est un déséquilibré. À la différence près qu'il n'a pas frappé au hasard. Les motivations d'Ali Agça, qui a déjà trempé dans des affaires de meurtres, restent nébuleuses. Les fichiers de la police turque révèlent qu'il a appartenu à l'organisation néofasciste Les Loups gris. Devant les enquêteurs italiens, il avoue spontanément avoir été emprisonné en 1979 pour meurtre, mais être parvenu à s'évader d'une prison de haute sécurité grâce à des complicités extérieures qui auraient soudoyé ses gardiens. Lors de ses interrogatoires, l'accusé se présente tour à tour comme « le plus grand terroriste turc » qui avait voulu, sur ordre du KGB, assassiner le leader de Solidarnosc Lech Walesa, le Secrétaire général de l'ONU, la reine d'Angleterre, puis il se définit comme un fanatique religieux qui voit dans le pape le Commandeur des croisés, un ennemi de l'Islam.

Les autorités italiennes sont persuadées qu'Ali Agça ment et soupçonnent un complot étatique venant de l'autre côté du Rideau de fer. Dès l'été 1982, Claire Sterling[1] publie un article, puis un livre, affirmant que le Turc n'est pas un fanatique isolé mais un tueur recruté par les services secrets bulgares, et a été l'instrument de patrons communistes agissant sur ordre de Moscou. Sur la foi de fuites organisées, venant vraisemblablement du cabinet du juge d'instruction Ilario Martella, l'idée d'une filière bulgare fait son chemin dans la presse italienne. Des demandes de libération du condamné, émanant d'un porte-parole des Brigades rouges, viennent brouiller encore plus les pistes. De nouvelles informations apparaissent dans la presse : Ali Agça est un agent internationaliste qui s'est réclamé des Loups gris à seule fin de couvrir ses véritables employeurs. Il a effectué un long séjour à Sofia en 1980 puis, de là, de nombreux voyages

1. Claire Sterling : journaliste américaine d'investigation, spécialisée dans les attentats politiques.

en Iran, en RFA et en Tunisie. La justice italienne accuse trois fonctionnaires bulgares – un employé de la compagnie aérienne nationale et deux membres de leur ambassade à Rome – d'avoir fourni un appui logistique au meurtrier sous forme d'argent et d'aide aux repérages sur la place Saint-Pierre. Seul le représentant de la compagnie aérienne, Sergueï Antonov, est arrêté, les deux diplomates étant rappelés précipitamment à Sofia.

On voit bien, dès le départ, que la théorie d'une conspiration venant de l'étranger perd de sa vigueur, tant le jeune Turc tient des propos décousus, contradictoires et délirants. Pourtant, en avril 1981, Alexandre de Marenches le patron du SDECE, les services secrets français, avait fait passer au Vatican le message selon lequel le KGB allait attenter à la vie du pape. Message qui n'a pas été confirmé en mai par Pierre Marion, le nouveau patron de la nouvelle Direction générale des services extérieurs, la DGSE. Rien de bien étonnant. Entre-temps, François Mitterrand, investi président de la République le 10 mai, prend la décision de nommer des ministres communistes au gouvernement et remplace le patron des services de renseignement par un homme qui refuse de prendre en considération les lubies anticommunistes de son prédécesseur. Il n'est pas le seul. Ronald Reagan, peu suspect de sympathie envers Moscou, fait preuve de prudence après l'attentat et refuse de désigner la main de l'URSS pour des raisons de Realpolitik. Leonid Brejnev agonisant va être remplacé par Iouri Andropov, le chef du KGB. Les États-Unis ne peuvent se permettre d'accuser les services du futur chef de l'Union soviétique.

Dès le départ, l'ombre de Moscou plane sur cette affaire et enflamme les adeptes des romans d'espionnage. Le dossier est composé pour l'essentiel d'informations livrées à la presse, une fois de plus sous forme de fuites organisées en hauts lieux. Les salles de rédaction s'agitent et traquent le scoop. La preuve de l'implication du KGB dans l'attentat contre le pape permettrait d'apporter une réponse acceptable. Cette piste présentant Ali Agça comme un mercenaire au service de l'URSS, manipulé par les services bulgares, prévaut jusqu'au procès en 1986 où elle sera réfutée.

Pour essayer de comprendre, revenons sur la personnalité du pape. Jean-Paul II s'impose dès son élection en 1978, comme un pasteur ayant l'expérience du terrain. Il suscite l'amour comme la haine. Il dérange. Il dénonce aussi bien l'idéologie communiste que l'égoïsme aveugle de la société de consommation capitaliste. Il demande la justice sociale, prône des réformes agraires et condamne toute violence. Ce pape dangereux mobilise avec une rigueur toute politique les armées du Christ contre l'appétit des royaumes de ce monde. Lorsqu'il frappe les puissances économiques, sa parole se dilue, mais quand il attaque des groupes religieux fanatiques, sa parole peut exaspérer jusqu'au passage à l'acte. Il faut reconnaître que cet homme vêtu de blanc que l'on promène dans les bidonvilles du Tiers-Monde ou dans les grandes métropoles occidentales, dans une Jeep découverte, à deux mètres au-dessus de la foule, représente une cible facile, presque tentante. Ce chef d'État sans armée, protégé à l'époque par soixante-treize gardes suisses et une soixantaine de policiers, employés de l'État italien, a décidé de sortir des palais pontificaux où se confinaient ses prédécesseurs. Il met toute son énergie dans la communication, devient un grand homme de spectacle, sachant se tourner vers les caméras au bon moment. Pour certains, il vit avec son temps, alors que pour d'autres, il a en quelque sorte désacralisé la fonction pontificale. Le pape n'a-t-il pas enflammé la Pologne en 1979 lors de son voyage apostolique ? N'a-t-il pas encouragé l'aventure du syndicat Solidarnosc ? Ne tient-il pas des propos subversifs en direction des communautés catholiques du bloc communiste ?

Lorsque le dossier arrive devant le tribunal, il se compose de plus de 25 000 pièces mais entretient toujours des doutes sur la participation formelle des autorités bulgares et soviétiques. Le juge d'instruction n'écarte toutefois pas l'hypothèse que des subalternes aient agi de leur propre chef, ce qui est impensable dans le système soviétique où tout doit être planifié.

La filière bulgare est balayée au procès pénal, sans que l'on connaisse avec certitude qui était derrière le complot. Plusieurs options subsistent comme, tout d'abord, la stratégie de la tension. Ali Agça aurait été manipulé par Gladio, le réseau italien de l'OTAN, créé au lendemain de la Seconde Guerre mondiale pour parer à une menace d'invasion soviétique. L'objectif étant de poursuivre la stratégie de la tension en Italie, dans la continuité de l'attentat de la gare de Bologne en 1980. La journaliste Roumiana Ougartchinska, dans son livre *La Vérité sur l'attentat contre Jean-Paul II*, penche pour la même hypothèse. Elle va même plus loin et, pour elle, la CIA a actionné Gladio afin de mener une opération d'intoxication pour incriminer la filière bulgare et déstabiliser le bloc de l'Est. La CIA espérait, toujours selon l'hypothèse d'Ougartchinska, que la mort du premier pape polonais de l'histoire, déclencherait une révolte violente en Pologne et entraînerait *de facto* la chute du régime communiste.

Une autre théorie incrimine la Mafia, selon les déclarations de plusieurs repentis, en particulier Vincenzo Calgary. Dans ses mémoires, il raconte qu'il a été chargé par Michele Lucchese, entrepreneur mafieux et membre de la loge P2, en lien avec l'archevêque américain, président de la banque du Vatican, monseigneur Paul Marcinkus, de se rendre place Saint-Pierre à Rome le 12 mai 1981 pour récupérer, le jour suivant, deux Turcs armés. Vingt minutes après l'attentat, un seul Turc s'est présenté. Il était agité et escorté par une connaissance, Sergueï Antonov, employé à l'ambassade de Bulgarie, mais cette fois-ci le fonctionnaire agissait en tant que proche de la Mafia bulgare et non pas membre des services secrets. Calgary écrit avoir tué et enterré le Turc Oral Celik, mais le cadavre a disparu, la fosse ayant été fouillée et apparemment vidée de son encombrant locataire. Cette piste apparaît pour le moins farfelue car Oral Celik est bien vivant. Il réapparaît en France où il est détenu pour trafic de stupéfiants, puis extradé en Italie où la justice le relaxe faute de preuve.

Quant à la troisième hypothèse, elle vient d'Ali Agça lui-même qui, une nouvelle fois, change de version. En 2010, il quitte la prison après vingt-neuf ans de réclusion. Son état de santé mentale interroge. Un texte manuscrit est publié à sa sortie de détention dans lequel il répète qu'il est un Messie : « Je proclame la fin du monde. Le monde sera détruit à la fin de ce siècle. » Et de dénoncer pêle-mêle Oussama Ben Laden, Hitler, Abdullah Öcalan (PKK) et Pol Pot comme les « ennemis communs de toutes les religions et de toutes les nations du monde ». Il s'est converti au catholicisme et souhaite se rendre à Rome : « Je veux aller au Vatican pour y rencontrer le pape Ratzinger. Je veux aussi me rendre sur la tombe de l'une des personnalités les plus merveilleuses et les plus respectables du XXe siècle, le Pape Jean-Paul II. » Le pape était venu le voir en prison deux ans après la tentative d'assassinat pour lui pardonner. En février 2013, Ali Agça publie son autobiographie dans laquelle il change de nouveau sa version et désigne l'ayatollah Khomeiny comme étant le commanditaire de sa tentative d'assassinat du Pape.

Enfin, après l'effondrement de l'URSS en 1991, les archives soviétiques, est-allemandes et bulgares se sont ouvertes. De nombreux enquêteurs, chercheurs et journalistes ont essayé de trouver la main du KGB derrière l'acte d'Ali Agça. Mais rien n'a été trouvé. Pas le moindre billet d'avion, la plus infime note de frais et surtout pas la moindre fiche compromettante qui auraient pu impliquer la responsabilité de Moscou. Mais n'est-ce point la marque d'une opération bien menée de la part d'un service de renseignement très performant, car qui avait plus intérêt que le Kremlin à voir disparaître le pape polonais ? Ainsi s'achève une des plus frustrantes affaires de meurtre politique du XXe siècle.

À la suite de l'attentat, les autorités italiennes vont se tourner vers la société de construction automobile Mercedes, dont les ingénieurs ont une grande technicité en matière de blindage des véhicules. Ils réaliseront la première Papamobile blindée sur le modèle d'une classe G, le plus grand 4×4 de la marque, qui sera équipé d'une immense verrière sur la partie arrière, dans laquelle le Saint-Père peut se tenir debout pour saluer et bénir les fidèles. La verrière se compose de multiples couches de verres feuilletés, entre lesquelles sont glissées des feuilles translucides de matériaux composites ultrarésistants. La Papamobile protège le pape efficacement contre n'importe quel type de balles, y compris les munitions de fusils d'assaut de type AK47 et les grenades. Arrêter les balles, c'est bien, mais la verrière ne doit pas se transformer en serre tropicale et mettre la santé du pape en péril, lors de ses déplacements dans les pays chauds. Il a donc fallu la doter d'une climatisation performante. Les papes se succèdent et les Papamobiles aussi, les constructeurs automobile faisant preuve d'imagination et de technologie afin d'assurer la sécurité d'une personnalité très menacée.

CHAPITRE 18

« Adieu Monsieur le Président »

L'attentat contre Jacques Chirac, 14 juillet 2002

« Adieu, Monsieur le Président. » Ce message anodin, déposé sur une page Facebook le 28 septembre 2019, deux jours après la mort de l'ancien président de la République Jacques Chirac, serait totalement passé inaperçu s'il n'avait été rédigé par Maxime Brunerie, l'homme qui avait voulu tuer le président le 14 juillet 2002.

Ce jour-là, un jeune homme de 25 ans, aux cheveux coupés court, en blouson bleu, pantalon beige et baskets se fond dans le public derrière les barrières métalliques, en haut de l'avenue des Champs-Élysées, au niveau de l'Arc de Triomphe, et attend le moment où le président Chirac va passer en revue les troupes. Il tient à la main un étui à guitare de couleur brune qui n'attire l'attention de personne. Le transport d'une arme à feu dans un étui à musique a tellement été galvaudé par le cinéma américain des années cinquante qu'il ne viendrait à l'idée de personne d'y cacher un fusil. Et pourtant, au moment où le command-car de Jacques Chirac passe devant lui, Maxime Brunerie sort de son étui une carabine, vise le chef de l'État et tire deux fois. La chance est avec Jacques Chirac, ce jour-là. Le coup part en l'air car un voisin de Brunerie a le réflexe d'attraper le canon du fusil et de dévier la trajectoire du tir. Personne dans l'entourage présidentiel n'a conscience de la tentative d'assassinat. Le président continue de passer les troupes en revue, descend les Champs-Élysées jusqu'à la place de la Concorde, à la vitesse du trot des chevaux de l'escorte de la Garde républicaine, et est accueilli au pied de la tribune présidentielle par le ministre de l'Intérieur, Nicolas Sarkozy, qui l'avise de l'attentat manqué. Jacques Chirac écoute distraitement et, étant moi-même au pied de la tribune, je l'entends marmonner : « Ah, bon ? », alors qu'il va prendre place, à grandes enjambées, sur son siège.

Pendant ce temps, Maxime Brunerie, qui a essayé de mettre fin à ses jours en plaçant le canon du fusil sous sa gorge, est maîtrisé par des spectateurs puis interpellé par trois CRS. Né à Évry le 21 mai 1977, Maxime Brunerie n'a pas d'antécédents judiciaires ni psychiatriques. Il ne s'entraîne pas dans un club de tir. Mais il est fiché depuis 1997 par les RG pour son appartenance à des groupuscules néonazis, skinheads et hooligans. En garde à vue, Maxime Brunerie a assumé son geste mais n'a pu l'expliquer. À l'issue de sa garde à vue, il a été transféré à l'hôpital psychiatrique. Brunerie était juste un paumé qui, ce jour-là, voulait en finir avec la vie en faisant parler de lui.

Toutefois, son acte a eu le mérite de poser un certain nombre de questions sur la sécurité, concernant à la fois la protection rapprochée du président et la protection des spectateurs. Il faut avoir conscience qu'en 2002, le niveau de menace n'avait rien à voir avec ce que nous connaissons aujourd'hui. Les touristes français ou étrangers qui voulaient voir le défilé du jour de la fête nationale pouvaient se rendre sur les Champs-Élysées sans aucun contrôle. La tentative d'attentat de Maxime Brunerie y met un terme. Dorénavant, le public sera vérifié, contrôlé et fouillé avant d'arriver sur l'avenue où il sera tenu à distance.

En matière de protection, pourquoi n'y a-t-il eu aucune réaction ? Je me souviens du débriefing particulièrement houleux car le GSPR n'avait découvert l'existence de l'attentat qu'une fois arrivé à la tribune officielle.

Jacques Chirac était fataliste et n'a jamais porté une attention exagérée à sa sécurité, et c'est un doux euphémisme. En tant qu'ancien Premier ministre, Chirac avait droit à deux officiers de sécurité, ce qui revient à dire qu'un seul garde du corps l'accompagnait lors de ses déplacements quotidiens et cela lui suffisait amplement. Après son élection à la présidence de la République, il a dû accepter un service de protection d'une soixantaine d'agents, dévolu à la sécurité des présidents. Une véritable révolution culturelle ! Et encore, son prédécesseur, François Mitterrand, était entouré d'une centaine de gendarmes.

En 1995, le Groupe de sécurité de la présidence de la République est un groupe mixte composé à parts égales de policiers et de gendarmes, avec des moyens matériels fournis par ces deux administrations. Personnellement, j'ai toujours pensé que confier la même mission à deux services concurrents était une hérésie. Officiellement, tout fonctionne parfaitement. La réalité est tout autre et les dysfonctionnements sont quotidiens. Le 14 juillet représente par définition le type même d'une mission militaire, par conséquent la gendarmerie prend la direction du dispositif. Les méthodes comme les moyens deviennent militaires. Les deux agents du GSPR à l'arrière du command-car dépendent de la gendarmerie et ne portent pas d'oreillette car les appareils sont fournis par la police. Les officiers de sécurité installés dans la suiveuse auraient dû être sur les fréquences de la PP et du SPHP. Peut-être l'étaient-ils ? Mais s'ils l'avaient été, ils auraient appris l'agression et la suiveuse se serait portée au niveau du véhicule militaire de commandement pour une éventuelle évacuation. La suiveuse n'a pas quitté sa place et a suivi le cortège derrière le peloton à cheval.

Et, finalement, n'était-ce pas un mal pour un bien ? Sans tomber dans la réécriture de l'Histoire, imaginons un seul instant que la suiveuse se porte au niveau du Command car et lui ordonne de stopper sa progression. Trois gardes du corps surgissent de la suiveuse et se précipitent sur le président, mallette résistante en Kevlar déployée, pour l'évacuer. Le président, qui n'est pas au courant de la tentative d'attentat, refuse l'évacuation. Les discussions, gesticulations, atermoiements pendant quelques minutes, le tout devant des millions de téléspectateurs du monde entier, auraient eu un effet catastrophique d'un point de vue médiatique et politique.

En revanche, un grand nombre de dysfonctionnements en matière de sécurité ont été pointés lors de cette mission. Il a fallu les identifier, les mettre sur la table sans tabou et y apporter des réponses. Très diplomatiquement, disons qu'elles ont été trouvées puisque le problème ne s'est pas répété… En revanche, il a été décidé que les cavaliers de la Garde républicaine reprendraient les places latérales dont ils avaient été expulsés par le président qui voulait être vu par le public.

Cet attentat a beaucoup de points communs avec celui contre Ronald Reagan commis par John Hinckley. Comme on le dit pudiquement, les deux meurtriers ne semblent pas jouir de toutes leurs facultés mentales. Les deux agressions ont lieu toutes deux dans la capitale, lors d'un déplacement connu, de routine pourrait-on dire, mais en matière de protection rapprochée la routine est la pire des ennemies. Enfin, les deux tentatives d'attentat ont fait l'objet d'analyses et de retours d'expérience immédiats qui ont eu pour conséquence l'adaptation des dispositifs.

CHAPITRE 19

Vers un nouveau terrorisme

L'attentat contre Sadate, 6 octobre 1981

Remontons un peu le temps et quittons les pays occidentaux qui nous ont préoccupés jusqu'à présent pour le continent africain. L'Afrique, dans son ensemble, n'est pas plus homogène en termes de régime politique, d'économie ou de religion qu'elle ne l'est en matière de meurtre politique, mais il faut reconnaître que le continent n'a connu presque aucun attentat mémorable contre des responsables publics avant la décolonisation. Franklin L. Ford y trouve une explication dans le fait qu'« en Afrique noire, (...), les populations soumises paraissent avoir admis qu'il était vain de s'en prendre aux proconsuls des puissances impériales, qui enverraient certainement des remplaçants chargés de distribuer des châtiments exemplaires ». En revanche, au milieu du XXe siècle, la fracture entre les pays établis au sud du Sahara et les États d'Afrique du Nord s'accentue avec l'apparition des mouvements indépendantistes.

Des vagues d'assassinats de personnages politiques de premier plan déferlent de manière déroutante sur les nouveaux États d'Afrique subsaharienne au début des années 1960. Elles trouvent leur origine dans la combinaison d'espérances mais aussi de peurs nées de l'indépendance. Le tracé des frontières, trop souvent arbitraire, a rarement tenu compte des différences des peuples ou des anciens systèmes d'organisation sociale. Ils débouchent sur des crises liées à la nationalité et à la légitimité politique.

L'Afrique du Nord, quant à elle, voit se développer les meurtres politiques dès la fin de la Seconde Guerre mondiale. Le Maghreb représente un alignement de pays qui s'étendent au sud de la Méditerranée, de Tanger jusqu'au Sinaï, et dont l'histoire et la politique demeurent étroitement liées aux affaires de l'Europe et du Moyen-Orient. L'exemple de l'Égypte est significatif. Le président Anouar el-Sadate est un Africain mais son assassinat trouve ses racines dans la piété islamique et dans la volonté de puissance du monde musulman. Ce meurtre politique préfigure les moyens d'action d'un nouveau terrorisme qui va bousculer, pour longtemps, les équilibres mondiaux.

Il est midi au Caire, ce 6 octobre 1981. Le chef de l'État égyptien Anouar el-Sadate, en grand uniforme de maréchal, entouré des chefs religieux, des membres du gouvernement et du corps diplomatique, préside le défilé annuel de la victoire. Tout est calculé au millimètre selon un rythme immuable. Sadate souriant regarde passer les chars. Il se penche vers l'un de ses voisins, échange avec lui quelques mots pendant que les troupes d'élite défilent devant le chef de l'État, les armes pointées vers le sol, comme l'impose le protocole militaire égyptien en signe de déférence. Des avions Mirage de la Force aérienne volent en formation serrée au-dessus du dispositif terrestre, distrayant la foule, pendant que des camions remorquant des pièces d'artillerie s'approchent de la tribune présidentielle. Obéissant à un homme portant les galons de major, le lieutenant Khalid el-Islambouli ordonne au chauffeur d'arrêter son engin devant la tribune présidentielle. Islambouli quitte le véhicule et s'approche de Sadate avec trois grenades dissimulées sous son casque. Sadate se lève pour recevoir son salut. « Le président pensait que les tireurs faisaient partie du spectacle quand ils se sont approchés, il les a donc salués. » déclarera Talaat Sadate, le neveu du président, présent à la cérémonie. Islambouli jette ses trois grenades vers

Sadate mais, une seule explose. Trois autres conjurés sortent du camion et tirent sans discernement avec des fusils d'assaut AK47. Les armes crachent leurs balles, les assaillants crient : « À l'attaque ! Gloire à l'Égypte ! » Les balles balaient les officiels. Sadate tombe l'un des premiers, cinq projectiles dans le corps. Une rafale déchiquette le bras d'un de ses voisins ; l'ambassadeur de Belgique s'effondre ; tout le monde, les indemnes comme les blessés, se jette au sol entre les chaises. Tout autour de la tribune, le service d'ordre commence à riposter. La fusillade s'intensifie. Le major chef de l'attentat s'effondre à son tour, puis deux soldats assaillants. Dans la foule, la panique s'accroît. Les gens courent dans tous les sens. Des blessés sont écrasés par des véhicules de l'armée, d'autres sont renversés, piétinés. Des soldats et des policiers se précipitent, se bousculent sur la tribune, tête nue. Un général hurle des ordres. Un homme corpulent vêtu de gris est emmené par la police pendant que d'autres policiers matraquent deux jeunes hommes qu'ils supposent être des agresseurs. Sur la tribune, Anouar el-Sadate, soixante-deux ans, gît inconscient, couvert de sang. Il est évacué vers l'hôpital par le premier hélicoptère. Des parachutistes portant le même béret que ceux qui viennent de tuer le Raïs, entourent la tribune et forment une chaîne, mains serrées pour empêcher la foule de se précipiter dans cette direction. Quelques minutes plus tard, les policiers en uniforme blanc succèdent aux militaires quand un lourd silence s'abat sur la tribune.

Très rapidement, on s'aperçoit qu'il s'agit d'un simple assassinat et non pas d'un coup d'État. Le commando de six militaires qui a tué le président Sadate a essayé de massacrer le plus possible de personnes présentes dans la tribune d'honneur. Ceux qui ont téléguidé le meurtre espéraient que la mort du raïs, en suscitant la panique, déstabiliserait le régime et créerait les conditions d'une prise de pouvoir soit par l'armée soit par les islamistes. À Tripoli, la joie cynique du colonel Kadhafi, l'annonce d'un soulèvement populaire en Égypte par la radio libyenne et l'appel du général Chezli en exil à Tripoli adressé aux officiers de l'armée égyptienne pour qu'ils se révoltent indiqueraient que les fils du complot sont à chercher en Libye. Mais la population du Caire est restée calme. Les premières réactions sont dominées par la consternation : « Ils ont tué celui qui nous a rendu notre humanité… »

Le fait que les institutions aient fonctionné normalement, que tout soit en place pour assurer la succession, écarte la perspective d'un changement de régime dans l'immédiat. Le successeur probable de Sadate est un homme à poigne. On raconte que Sadate aurait dit : « Désormais, on hésitera à m'assassiner car après moi viendrait quelqu'un de beaucoup plus méchant. »

Mais comment en est-on arrivé là ? Sadate est mort assassiné. Cette mort, il en avait pesé les risques et l'avait acceptée. Il avait même déclaré le 10 décembre 1977 : « Ils ne peuvent m'assassiner sans l'aide de Dieu. »

Anouar el-Sadate est un croyant. C'est en croyant qu'il poursuit le chemin qu'il a décidé de suivre à Jérusalem, « le chemin le plus difficile ». Considéré par de nombreux pays arabes comme un traître à leur cause, Anouar el-Sadate n'a pas renoncé au but qu'il s'était fixé. Il est déterminé, persuadé que la politique qu'il a choisie est la seule possible. Hélas ! La dynamique de la paix qu'il escomptait ne s'est pas produite. Les dirigeants israéliens ont mal répondu aux attentes du chef de l'État égyptien ; les opposants à l'intérieur de l'Égypte ont relevé la tête, et le président Sadate lui-même s'est durci. La haine l'a emporté. L'homme qui symbolise la paix est tombé. L'Égypte risque de s'en trouver déstabilisée et l'équilibre précaire du Proche-Orient une nouvelle fois rompu. La solution du conflit israélo-arabe, qui tout en reconnaissant le droit à l'existence d'Israël donnerait une terre aux Palestiniens, s'éloigne encore un peu plus.

Les services de sécurité égyptiens identifient très rapidement les commanditaires de l'attentat : la confrérie des Frères musulmans. Les Frères musulmans représentent un mouvement politique sunnite, fondé en Égypte en 1928 par un instituteur du nom d'Hassan al-Banna. Si au début la confrérie se développe comme une œuvre de bienfaisance, elle se donne rapidement un but politique favorisé par la lutte contre la colonisation européenne et la chute de l'Empire ottoman. Même si leur boussole prône un certain conservatisme avec à la clé l'instauration d'un État islamique, ils ne s'opposent pas à la modernité comme pourraient le faire leurs cousins salafistes. Ils diffusent leur idéologie et construisent leur popularité en s'appuyant sur un grand réseau d'associations dans le domaine social, culturel ou sportif. Ils s'attirent ainsi le soutien des classes populaires. Dans les années 1940, le mouvement se tourne vers la violence politique en multipliant les attentats contre les dirigeants égyptiens. En représailles, Hassan al-Banna est assassiné en 1949. La confrérie est interdite en Égypte dès 1948 et dissoute en 1954. Jusqu'à la mort de Nasser en 1970, les Frères musulmans sont arrêtés par milliers ou entrent dans la clandestinité. Un des personnages clés du mouvement, futur numéro deux de l'organisation al-Qaïda, Ayman al-Zawahiri, né en 1951 dans la banlieue du Caire, fait ses premières armes contre le nasserisme. L'humiliante défaite de 1967 contre Israël discrédite définitivement le gouvernement de Nasser et sa politique socialiste laïque, et persuade al-Zawahiri que l'islam représente la solution.

L'histoire entre Sadate et les Frères musulmans semblait pourtant avoir bien commencé. En 1971, quand le raïs succède à Nasser, il fait libérer les extrémistes religieux incarcérés par son prédécesseur et proclame une amnistie générale. Il leur promet même l'intégration future de la charia dans les lois égyptiennes. Les mouvements religieux hésitent dès lors entre plusieurs stratégies :

– certains sont persuadés qu'une société islamique apparaîtra spontanément si les dirigeants honnis sont écartés,

– d'autres veulent instaurer une communauté islamique pure vivant à côté d'une société impure,

– le principal mouvement, Jamaat Islamiyya, réclame l'instauration immédiate d'un État islamique.

L'organisation majoritaire provient d'universités éminentes comme celles du Caire et d'Alexandrie, ou encore de capitales provinciales comme Assiout en Haute-Égypte. Dès 1977, par leurs aides aux étudiants, les islamistes dominent la vie politique et sociale dans les universités. Ils contrôlent les journaux et impriment une littérature islamiste qui introduit les idées salafistes dans la tête des étudiants. Les Frères vivent très mal le revirement de Sadate et les accords de paix avec Israël. Sadate se résout enfin à combattre les Frères qui ont décidé sa perte et l'obtiendront le 6 octobre 1981. Le groupe d'al-Zawahiri devient le modèle de cette radicalisation graduelle. Il se focalise sur le Jihad et la nécessité d'un coup d'État plutôt que d'attendre le lent processus d'un mouvement de masse aboutissant à l'installation d'un État islamique. Cette stratégie nécessite sécurité et secret. Elle requiert également des compétences militaires, l'accès à des armes et l'infiltration de l'armée. Un autre groupe clandestin, Tanzin al-jihad, l'organisation du Jihad, mené par Mohammed Abd al-Salam Faraj, recrute surtout des militaires parmi lesquels le lieutenant-colonel al-Zumur des services de renseignement. La stratégie d'al-Zumur repose sur un soulèvement populaire suivi d'une révolution basée sur le modèle iranien de 1979. Pendant ce temps, la branche d'Assiout, composée majoritairement d'étudiants, poursuit d'autres objectifs, en particulier de lutter contre les Coptes qui représentent un obstacle à la propagation de l'Islam. Pendant ce temps, Al Zawahiri cherche une base sûre afin de lancer le Jihad en Égypte. Il la trouve à Peshawar auprès des combattants afghans et se convertit au Jihad contre les Soviétiques.

Le complot contre Sadate repose plus sur le hasard, avec l'enchaînement de circonstances imprévues, que sur une opération mûrement planifiée. Le 3 septembre, Sadate réprime les islamistes qui avaient intensifié leur lutte contre les Coptes et contre le pouvoir central accusé d'être sous l'influence d'une cabale chrétienne. Parmi les 1 536 arrestations figure Mohammed al-Islambuli, le chef de file de la branche d'Assiout. Son frère Khaled, lieutenant dans l'armée, ayant appris l'arrestation et les tortures infligées à son aîné, décide de le venger et adhère au groupe de Faraj. Le hasard des mutations au sein de l'armée l'avait affecté au Caire au printemps 1981 et son unité d'artillerie est désignée par le sort pour participer à une parade militaire au Caire le 6 octobre. Khalid Islambouli ne fait pas partie des effectifs désignés pour représenter le régiment à la parade mais le destin, toujours lui, le choisit finalement afin de remplacer un officier qui s'est déclaré indisponible pour cet événement. Comme dit le proverbe, l'occasion fait le larron. En participant à la répétition du défilé commémorant la guerre du 6 octobre les circonstances lui suggèrent une idée : de son véhicule qui roule à faible allure, un commando armé pourrait surgir et tirer sur la tribune officielle. Il en parle à l'idéologue Faraj qui lui prête une oreille attentive et donne son accord pour tuer un hérétique qui emprunte les mœurs occidentales et croit à la détente avec Israël. Faraj organise une réunion avec quelques responsables, dont al-Zumur et un dénommé Zuhdi, pour discuter des modalités. Des divergences surgissent entre les protagonistes. Al-Zumur pense que l'assassinat est prématuré car il ne pourrait pas être suivi par un soulèvement populaire et il doute de la capacité de son groupe à se rendre maître des centres nerveux de la capitale. Zuhdi, au contraire, promet qu'il peut s'emparer de la ville d'Assiout immédiatement. Les conjurés décident de poursuivre en appliquant le plan d'al-Islambuli, en dépit des objections d'al-Zumur.

Pour éviter d'éventuelles fuites, les quatre membres du commando ne se réunissent pour la première fois que quelques jours avant l'opération, et les responsables de Tanzim al-Jihad, dont al-Zawahiri, ne sont informés du complot que quelques heures avant sa réalisation. Réagissant à la situation, al-Zawahiri contacte al-Zumur pour essayer de coordonner les suites de l'attentat. Ils se réunissent le soir même, quelques heures après l'assassinat, et planifient une nouvelle action pendant les funérailles de Sadate afin d'exterminer les fidèles du président égyptien. Ils sont interpellés dans la vague d'arrestations qui suit l'attentat sans avoir pu mettre leur plan à exécution.

La branche d'Assiout décide de lancer son insurrection le matin du 8 octobre en profitant du week-end où des effectifs réduits assurent la sécurité des sites névralgiques et des armureries. Ils réussissent à contrôler la ville pendant quelques jours avant que les parachutistes légalistes étouffent la rébellion. Deux tribunaux sont mis en place immédiatement après le meurtre de Sadate. Le premier se réunit à huis clos et juge les 24 suspects directement impliqués dans l'assassinat. Khalid Islambouli, ses trois complices et Faraj sont condamnés à la peine de mort et exécutés le 15 avril 1982. Le second tribunal regroupe les 302 conjurés accusés de conspiration et le procès durera trois ans. En prison, les accusés se partagent en deux groupes. Le premier, sous l'impulsion d'al-Zumur, maintient que le coup d'État violent mené par un petit groupe d'islamistes décidés soutenu par la population est la bonne solution. C'est la version islamiste de la prise de pouvoir chère aux léninistes et exécutée avec succès dans les pays arabes par des officiers nationalistes et laïcs dans les décennies précédentes. Le second, le groupe d'Assiout, est le partisan d'une résistance armée plus traditionnelle, basée sur la mobilisation de la population pour renverser le gouvernement. La stratégie repose sur une combinaison d'attentats et de violences afin de provoquer une répression accrue de la part du pouvoir et d'aliéner le peuple contre ses gouvernants.

Pendant ce temps, Mohamed al-Islambuli a réussi à fuir en Afghanistan où il est devenu un des principaux responsables islamiques. Il vivrait désormais en Iran sous la protection du corps des Gardiens de la Révolution islamique. L'Iran, opposé fermement à toute réconciliation avec Israël, a déclaré Khalid Islambouli comme martyr et dans chaque grande ville iranienne, une rue porte son nom.

Cet attentat des frères musulmans préfigure la montée du terrorisme islamiste et de ce type de conflit dit asymétrique où la foule devient la cible directe des attaques. Cette violence deviendra la lèpre du début du XXIe siècle.

CONCLUSION

LE XXIe SIÈCLE LE TERRORISME DE MASSE OU LA FIN DU MEURTRE POLITIQUE ?

Le XXIe siècle s'ouvre le 11 septembre 2001 sur un nouveau terrorisme, un terrorisme aveugle qui ne vise plus les puissants mais cible les foules afin de créer un climat de terreur. La France et les pays occidentaux sont depuis confrontés à une violence d'un nouveau genre qui délaisse le crime politique à la faveur de la tuerie de masse. La France découvre également le « terrorisme domestique », où de jeunes Français radicalisés s'acharnent sur ce que les spécialistes appellent des « cibles molles ». Pourquoi s'attaquer à un Chef d'État ou de gouvernement très protégé, alors que l'on peut s'attaquer, de manière inopinée, au premier regroupement de personnes venues ? Le terroriste agit dans une spirale gagnante : la faible préparation de ces actions est compensée par la surmédiatisation et la terreur des peuples qui en découle. Les journalistes de l'hebdomadaire satirique *Charlie Hebdo* et les clients du magasin Hypercacher en janvier 2015, les spectateurs d'un groupe de hard rock au Bataclan ainsi que des consommateurs anonymes assis aux terrasses des cafés en novembre 2015 et les spectateurs des festivités de la fête nationale le 14 juillet 2016 à Nice en firent les frais.

Après avoir annoncé la fin de l'histoire, chère au politologue américain Francis Fukuyama, au moment de la chute du communisme, dernier totalitarisme du XXe siècle, et la « suprématie absolue et définitive de l'idéal de la démocratie libérale sur les autres idéologies[1] » le réveil a été difficile.

Non seulement le XXIe siècle voit apparaître un totalitarisme islamiste qui propose l'établissement d'une société religieuse basée sur le respect de la charia, mais également de nouvelles menaces dont certaines inquiètent les services spécialisés comme le cyberterrorisme et le bioterrorisme. Le développement des systèmes informatiques, la vulnérabilité et l'interconnexion des réseaux de communication déplacent naturellement les agressions sur le piratage des données et le blocage du réseau. Ces actes certes moins spectaculaires que le meurtre politique, ont une efficacité économique redoutable. Quant au bioterrorisme, il n'a pas attendu le XXIe siècle pour faire parler de lui. Tout le monde se souvient de l'attaque au gaz Sarin dans le métro de Tokyo en 1995, puis les lettres piégées à l'anthrax aux États-Unis en 2001. Les produits chimiques et biologiques sont faciles à produire, peu chers, très meurtriers et quasi indétectables. Est-ce la fin annoncée du meurtre politique ? Rien n'est moins sûr.

Dès la fin du XIXe siècle, les États ont tenté d'unir leurs forces dans la lutte anti-terroriste. Très vite, les avancées dans les domaines opérationnels, en particulier policiers, ont fait l'objet de blocages au niveau politique et diplomatique. Pourquoi ? Les pays ne pouvaient s'entendre sur la définition à donner au terrorisme. Les régimes autoritaires souhaitaient cibler la violence politique dans son ensemble, les démocraties ne voulant cibler que la violence anarchiste. En revanche, les polices européennes ont rapproché leurs méthodes, comme l'anthropométrie et l'uniformisation des méthodes d'identification criminelle, et ont permis de mettre en place l'embryon d'une coopération policière internationale.

Au lendemain de l'assassinat du roi de Yougoslavie et de Louis Barthou, ministre des Affaires étrangères, la Yougoslavie

1. *La fin de l'histoire et le dernier homme.* Francis Fukuyama. 1992.

a saisi la Société des Nations sur l'implication de la Hongrie et de l'Italie dans le meurtre politique. Pierre Laval, le nouveau ministre des Affaires étrangères a transféré le débat sur la question de la lutte antiterroriste. Comme nous l'avons vu, il était important que les meurtres du roi Alexandre Ier et de Louis Barthou aient été commis par le même assassin, sur le territoire national. La France avait ainsi toute légitimité à prendre l'initiative d'un accord international, en vue de la répression de crimes commis dans un but de terrorisme politique. Et en même temps, la responsabilité de la Hongrie et de l'Italie pouvait être occultée.

Soyons lucides, les attentats du terrorisme de masse ne vont pas éradiquer le meurtre politique qui existe quasiment depuis que l'humanité s'est organisée selon différents modes ou formes de gouvernement, même s'ils l'ont mis en sourdine. Les meurtres politiques, quels qu'ils soient, ont encore de beaux jours devant eux. Ils obéissent tous aux mêmes règles en matière de conception, de préparation et d'exécution. Il appartient aux États de mettre en œuvre tous les moyens pour déjouer les conjurations. Les exemples choisis dans cet ouvrage ont démontré que le destin, la fatalité ou la chance interviennent en permanence et font pencher la balance tantôt du côté des comploteurs, tantôt du côté des États. C'est en ce sens que les attentats ont fait l'histoire.

À l'heure où nous imprimons cet ouvrage, Donald Trump, le candidat républicain à l'élection présidentielle américaine, vient de faire l'objet d'une tentative d'assassinat lors du dernier rassemblement avant la convention républicaine qui doit s'ouvrir deux jours plus tard à Milwaukee (Wisconsin), prouvant s'il en est besoin que le meurtre politique n'est pas à ranger au rayon des accessoires et que les causes produisent toujours les mêmes effets. Les questions légitimes et une certaine confusion alimentent les théories du complot qui se concentrent sur les failles de sécurité. Malgré une profusion d'images, les multiples questions sans réponse favorisent une vague d'incrédulité puis de spéculation et enfin de désinformation. Un schéma familier se met en place, largement relayé par les utilisateurs des réseaux sociaux, soit par les détracteurs de Trump qui suggèrent que cette affaire a été mise en scène, soit par ceux qui le soutiennent et qui prétendent que cela fait partie d'une vaste théorie du complot. Le président Trump n'est pas en reste puisqu'il a remercié ses partisans sur la plateforme *Truth Social* en attribuant sa survie à une intervention divine. Comme nous l'avons évoqué tout au long de ce livre, l'instantanéité du récit assure une apparence de vérité qui impose ses certitudes à la manière d'un évangile.

Cet ouvrage n'a pas la prétention d'apporter la solution à des énigmes non résolues. Des zones d'ombre subsistent et des attentats comme celui de JFK sont loin d'être élucidés. Même la tentative d'attentat contre Jean-Paul II restera à jamais irrésolue au moins quant à l'identité réelle de ses commanditaires. Dans l'introduction, j'ai posé un certain nombre de questions comme autant de points de départ et il peut sembler curieux de vouloir examiner la vie politique à l'aune de l'assassinat, comme si le meurtre était la poursuite de la politique par d'autres moyens, en le croisant au rôle du destin, comme si une puissance supérieure jouait avec la vie des hommes.

En partant du postulat de l'homme politique et écrivain britannique Benjamin Disraeli « qu'aucun meurtre politique n'a changé la face du monde », force est de constater, au vu des différents exemples traités dans cet ouvrage, que l'assassinat politique a pu toutefois affecter la politique intérieure ou internationale d'un pays. Les violences meurtrières ont abouti à des changements notables de situation qui, sans elles, auraient connu des développements différents. Parmi les événements relatés, certains paraissent tellement fortuits, inexplicables ou miraculeux qu'ils ont été mis en scène par les auteurs, comme par les victimes, pour démontrer une protection de la Sainte Providence.

On pourrait objecter que nous sommes entrés dans une période de rationalité, guidée par la technologie et que la manipulation des masses par des croyances irrationnelles est du domaine du passé. Mais les causes produisent toujours les mêmes effets. Les moyens technologiques ont révolutionné les moyens d'action, tant pour les comploteurs que pour les services de protection et d'investigations. La circulation des messages sur Internet, les procédés de géolocalisation des téléphones portables, les moyens de communication, cryptés ou non, auraient sans doute facilité les contacts entre l'assassin et ses guetteurs tout en laissant un grand nombre de traces indélébiles indispensables à l'enquête. En même temps, la rapidité de diffusion des informations, en particulier des fausses nouvelles, les fameuses *fake news*, sur le réseau internet mondial favorise l'émergence de thèses complotistes qui participent à la manipulation de l'opinion.

Cependant, quelle que soit l'époque et les moyens technologiques, le rôle du hasard est toujours préservé et peut empêcher la commission d'une infraction ou permettre de la punir. Au hasard, au destin, à la baraka, à la providence, quel que soit le mot employé, doit être ajouté le concept de fausses informations, de *fake news*, qui prend une part non négligeable dans l'exploitation de la propagande. La part plus ou moins grande du destin dans le meurtre politique vient souvent, comme nous l'avons vu, du décalage entre le récit immédiat qui en est fait, souvent enjolivé, et les faits proprement dits, issus des archives de la police et de la justice. Malheureusement ces éléments intangibles n'arrivent dans le domaine public qu'une cinquantaine d'années après la commission des faits, une fois que le classement secret défense de ces documents est levé. Ils apportent une nouvelle version qui vient parfois heurter la dévotion quasi mystique qui entourait le culte du héros. Face à la diffusion instantanée de fausses informations au niveau mondial, la vérité n'a aucune chance de s'imposer et devra faire face immanquablement à des accusations de dérive conspirationniste.

Caprices du destin, fantaisie du sort, n'oublions pas que parfois, les personnages du drame se sont abusés eux-mêmes et ont souvent essayé consciemment de tromper les autres. À cela s'ajoute une différence fondamentale entre vérité historique et vérité judiciaire. L'histoire est fille du temps, elle s'expose continuellement à de possibles révisions à la lumière de données nouvelles, inconnues par les auteurs des précédentes conclusions. À l'inverse, un procès rend un verdict définitif après que les avocats des deux parties ont exploité tous les moyens d'établir ou de détruire les preuves de culpabilité. La représentation des faits finit ainsi par compter plus encore que leur réalité même et des idées fausses deviennent des faits vrais en raison de plusieurs facteurs :

– Les torsions faites à la réalité sont tout d'abord dues aux accusés qui ont une tendance naturelle, ou bien parce qu'ils ont été conseillés par leurs avocats, à minimiser la gravité de leurs actes et privilégier par exemple l'enlèvement qui a mal tourné à un meurtre programmé dès le début ;

– Elles viennent de l'idée que les comploteurs peuvent se faire du peuple dans l'intérêt duquel ils pensent agir. Le peuple est souvent magnifié et les agresseurs souhaitent ouvrir les yeux de leurs compatriotes. La justification se fait alors à posteriori alors qu'elle doit être fournie à l'avance, avant la commission de l'infraction, pour justifier tout tyrannicide.

– Les assassins s'enferment de manière obsessionnelle dans la conviction que leur geste désintéressé, magnifique, va ouvrir les yeux du pays tout entier. L'aveuglement est une constante chez tous les comploteurs. Ils se figurent que le peuple partage leur passion sans avoir le courage de l'exprimer. « Celui qui conjure, croit toujours que la mort du prince sera agréable au peuple », écrivait Machiavel.

La conviction politique peut dès lors entraîner un mépris radical et définitif des réalités et favoriser une vision basée sur des conspirations secrètes. Ces conspirations, réelles ou supposées, agiraient jusqu'au cœur de l'État pour promouvoir un avenir meilleur – cette théorie fait partie des nombreuses questions sans réponse qui agitent encore les États-Unis depuis l'assassinat de John F. Kennedy – ou informeraient les conjurés par leur positionnement stratégique au cœur du système. Nous l'avons vu lors de l'attentat du Petit-Clamart, où circule toujours l'hypothèse improbable d'une « taupe » qui aurait renseigné les factieux sur l'emploi du temps du général de Gaulle alors qu'un simple observateur, posté dans la rue, à un endroit stratégique, suffisait à renseigner en temps réel sur l'itinéraire du cortège présidentiel. Avec le temps, la vérité émerge au fur et à mesure que s'ouvrent les archives de la police et de la Justice et viennent heurter la vision quasi mythologique du héros sauvé par une main divine pour lui substituer une vérité décevante et fade. Pour cette raison, la vérité aura du mal à s'imposer et on lui préférera toujours la version plus idyllique.

En revanche, le terrorisme représente aujourd'hui un défi majeur pour le monde occidental en général et la France en particulier. Contrairement au meurtre politique, la stratégie terroriste ne se limite pas à l'instantanéité de l'attentat. Elle vise un projet de société basé sur une application stricte de principes religieux islamiques, associés à une violence de nature politique. Les États doivent s'atteler à combattre les mouvements terroristes tous azimuts, par les actions de propagande, les réseaux de financement, de recrutement, etc. Or, les organisations terroristes jouent toujours avec un coup d'avance sur les États démocratiques, trop souvent obligés de répondre au cas par cas à l'urgence de la situation. Plus que le meurtre politique traditionnel, le terrorisme est un piège tendu aux sociétés dont l'objectif est de terroriser la population pour faire pression sur les dirigeants. La répression engendrée par l'attentat fait en cela partie de l'action terroriste. Elle alimente le phénomène progressif attentat-répression-vengeance, permettant ainsi à l'organisation de se légitimer et de recruter. Même la main du destin, le hasard, la baraka ou la providence seront exploités par les agresseurs afin de démontrer que la puissance divine est de leur côté. Nous avons vu que les États européens avaient été confrontés au même dilemme avec les attentats anarchistes de la fin du XIXe siècle. La protection de la société occidentale l'avait alors emporté sur toute autre considération, ce qui avait mis un frein à la terreur anarchiste.

Aujourd'hui, l'Occident doit faire face à des mutations importantes du terrorisme. La montée en puissance d'organisations non étatiques, comme Daesh ou le Hamas, perturbe les démocraties qui minimisent ou ignorent encore les activités de plus en plus déterminantes de ces petits acteurs géopolitiques aux capacités de destruction gigantesques.

Pour terminer, le destin conserve une importance considérable dans nos sociétés, même en Occident. L'Allemagne n'envisageait-elle pas d'instituer le 9 novembre comme le « Jour du destin[1] » ? L'histoire contemporaine de l'Allemagne résonne d'un son particulier ce jour-là. Le 9 novembre 1848 est la date de l'exécution du parlementaire Robert Blum,[2], Guillaume II a abdiqué le 9 novembre 1918, Hitler a échoué dans sa tentative de putsch le 9 novembre 1923, les violences antisémites connues sous le nom de Nuit de Cristal ont eu lieu le 9 novembre 1938 et enfin, le mur de Berlin est tombé le 9 novembre 1989. Au début de l'année 2024, une exposition à Berlin, au Musée de l'histoire allemande, s'intitulant « Ça aurait pu se passer autrement[3] » rappelle l'importance du destin dans l'Histoire et nous ramène à une réflexion de François de la Rochefoucauld : « Quelque incertitude et quelque variété qui paraisse dans le monde, on y remarque néanmoins un certain enchaînement secret, et un ordre réglé de tout temps par la Providence, qui fait que chaque chose marche en son rang et suit le cours de sa destinée.[4] »

1. Der Schicksalstag : le jour du destin
2. Robert Blum (1807-1848) : élu au Parlement de Francfort. Participa à l'insurrection viennoise d'octobre 1848 et fut exécuté par les troupes impériales autrichiennes.
3. Es hätte auch anders kommen können.
4. François de la Rochefoucauld : *Réflexions ou sentences et maximes morales.*

ANNEXES

ALBUM PHOTO

Figure 1. La mitrailleuse de Fieschi,
conservée aux Archives nationales (Parisette).

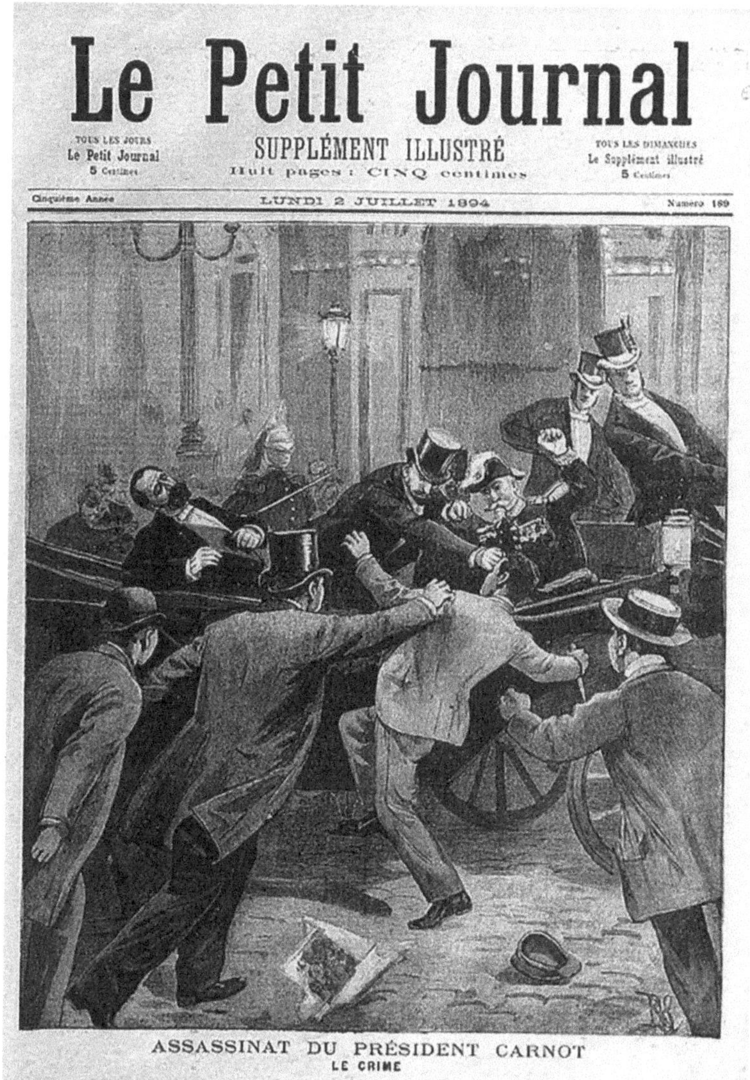

Le Petit Journal

TOUS LES JOURS
Le Petit Journal
5 Centimes

SUPPLÉMENT ILLUSTRÉ
Huit pages : CINQ centimes

TOUS LES DIMANCHES
Le Supplément illustré
5 Centimes

Cinquième Année — LUNDI 2 JUILLET 1894 — Numero 189

ASSASSINAT DU PRÉSIDENT CARNOT
LE CRIME

Figure 2. Une du quotidien Le Petit Journal *du 2 juillet 1894 reconstituant l'assassinat du président Carnot.*

Figure 3. Quatrième de couverture du Petit Journal
du 12 juillet 1914.

Figure 4. Attentat de Marseille contre le roi de Yougoslavie. L'assassin surprend tout le monde et monte sur le marchepied de la voiture du Roi. DR.

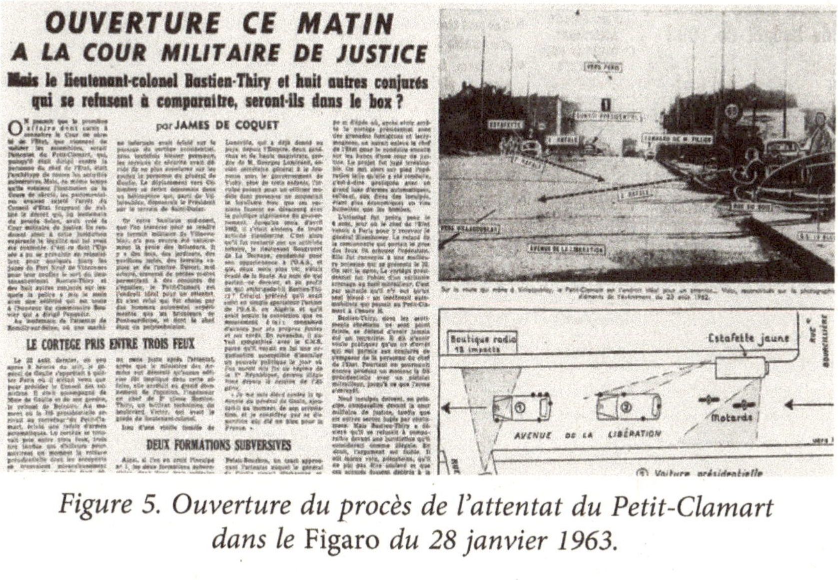

OUVERTURE CE MATIN
A LA COUR MILITAIRE DE JUSTICE

Mais le lieutenant-colonel Bastien-Thiry et huit autres conjurés qui se refusent à comparaître, seront-ils dans le box ?

par JAMES DE COQUET

LE CORTEGE PRIS ENTRE TROIS FEUX

DEUX FORMATIONS SUBVERSIVES

Figure 5. Ouverture du procès de l'attentat du Petit-Clamart dans le Figaro *du 28 janvier 1963.*

Bibliographie

Attentats et complots contre Napoléon III, 1870.

Georges Blond, *La Revue des deux mondes*, 1952.

André Bogaert, *Un homme seul contre Hitler. L'attentat de la Burgerbräukeller, 8 novembre 1939*, Paris, Robert Laffont, 1974.

Jean des Cars, *Sissi ou la fatalité*, Perrin, 2003.

Maxime du Camp, *Les Ancêtres de la Commune*, 1877.

Christopher Clark, *Les Somnambules*, Flammarion, 2013.

Augustin Cournot, *Traité de l'enchaînement des idées fondamentales dans les sciences et dans l'histoire*, 1861.

Franklin L. Ford, *Le Meurtre politique, du tyrannicide au terrorisme*, PUF, 1990 ;.

Jean-Noël Jeanneney, *Un attentat, Petit-Clamart, 22 août 1962*, Seuil, 2016.

Ian Kershaw, *La Chance du Diable*, Flammarion, 2009.

Lajos Marton, *Ma vie pour la patrie*, Les amis du livre européen, 2012.

Philip Melanson, *The Secret Service : the Hidden History of an Enigmatic Agency*, Carnot, 2004.

Plutarque, *La Vie de César*, traduction de D. Ricard, 1830.

Lindsay Porter, *Une histoire du meurtre politique*, Actes Sud, 2010.

François de la Rochefoucauld, *Réflexions ou Sentences et maximes morales*, Paris, 1665.

Jean Rohu, *Mémoires d'un officier chouan (1771-1849).*

Suétone, *La Vie des douze César*, 121 apr. J.-C.

Jean-Louis Thériot, *François-Ferdinand d'Autriche*, Éditions de Fallois, 2005.

Rapport de la commission Warren, Associated Press, 1964.

Rapport du 11 pluviôse an IX, ministère de l'Intérieur.

Minutes du procès Fieschi.

Minutes du procès Caserio.

Rapport d'autopsie de Sadi Carnot.

Rapport d'Antoine Mondanel sur l'attentat de Marseille, 9 octobre 1934.

Archives ouvertes en ligne de la Maison-Blanche.

Journal de John Wilkes Booth.

GILLES FURIGO

ancien chef du SPHP

LES GORILLES DE LA RÉPUBLIQUE

Une histoire du service de protection des hautes personnalités

Une unité d'élite au cœur de l'histoire de France

Mareuil Éditions

Imprimé en France par CPI
en août 2024

Composition réalisée par Facompo à Montrouge (Hauts-de-Seine)

Dépôt légal : août 2024
N° d'impression : 180905